MD Expertise comptable

COLLECTION

Le meilleur du DSCG 1

Gestion juridique fiscale et sociale

7e ÉDITION

Valérie Gomez-Bassac
Georges Langlois
Catherine Maillet
Jean-Luc Mondon
Françoise Rouaix

Sup'FOUCHER

ISBN 978-2-216-13127-3 (Nouvelle édition)
ISBN 978-2-216-11057-5 (Première édition)

Sommaire

Le contrat : formation et exécution

Le contrat est un acte juridique ce qui signifie que les effets de droit sont voulus, contrairement au fait juridique.
Il est source d'obligations entre (au moins) deux personnes.

FICHE 1

I ▶ Définition et classification des contrats

A. Le contrat, source d'obligations

Seules les principales obligations sont retenues.

▶ Les obligations de donner, de faire ou de ne pas faire

- L'obligation de donner : transfert à titre gratuit ou onéreux d'un droit réel ou personnel.
- L'obligation de faire : effectuer une prestation.
- L'obligation de ne pas faire : s'abstenir d'un fait.

Exemple

Dans un contrat de vente, l'obligation du vendeur est une obligation de donner. L'obligation du médecin est une obligation de faire. La vente d'un fonds de commerce assortie d'une clause de non réinstallation est une obligation de ne pas faire.

▶ Les obligations de moyens ou de résultat

- L'obligation de moyens : le débiteur de l'obligation doit tout mettre en œuvre pour atteindre un certain résultat mais sans pouvoir le garantir. Si le créancier de l'obligation souhaite engager la responsabilité du débiteur il doit prouver sa faute.
- L'obligation de résultat : le débiteur s'engage à atteindre un résultat déterminé. La seule non obtention du résultat suffit à engager la responsabilité du créancier. Seul un cas de force majeure peut permettre son exonération.

Exemple

Dans un contrat de transport de chose : le transporteur s'engage à faire parvenir la chose d'un point A à un point B : il s'agit d'une obligation de résultat.

Dans un contrat de soins : le médecin s'engage à prodiguer les soins les plus diligents, il doit rechercher le résultat (la guérison) mais sans être sûr de l'obtenir : il s'agit d'une obligation de moyens.

B. Le contrat, les classifications

Classifications	Définitions	Exemples
– Nommé – Innommé	– Fait l'objet d'une législation – Contrat complexe résulte de la pratique. Il peut résulter de la juxtaposition des deux contrats nommés	– Contrat de vente – Contrat de dépôt-vente
– Contrat unilatéral – Contrat synallagmatique	– Obligation à la charge de l'une des parties sans qu'il y ait de réciprocité de la part de l'autre. – Obligations réciproques entre les contractants.	– Contrat de donation – Contrat de vente
– Contrat consensuel – Contrat solennel – Contrat réel	– L'échange des consentements suffit à la formation du contrat – L'accomplissement d'une formalité est nécessaire avec l'échange des consentements – N'est formé que lorsque la chose est remise.	– Contrat de vente d'un bien meuble. – Contrat de vente immobilière – Contrat de prêt
– Contrat à titre gratuit – Contrat à titre onéreux	– L'une des parties procure un avantage à l'autre sans contrepartie – Une partie procure un avantage avec une contrepartie	– Contrat de donation – Contrat de vente
– Contrat commutatif – Contrat aléatoire	– Les prestations sont connues au moment de la conclusion du contrat – La ou les prestations dépendent d'un évènement incertain, aléatoire	– Contrat de vente – Contrat de vente d'immeuble en viager
– Contrat à exécution instantanée – Contrat à exécution successive	– S'exécute en un trait de temps – S'exécute dans le temps	– Contrat de vente – Contrat de travail
– Contrat de gré à gré – Contrat d'adhésion	– Négocié par les parties – Préétabli par l'une des parties	– La plupart des contrats – Contrat de prêt.

II ▶ Formation du contrat

A. Différentes étapes de la négociation des contrats

– **Les pourparlers :** ce sont de simples échanges, des négociations, entre les parties, tendant à la conclusion d'un contrat définitif. La rupture abusive des pourparlers entraîne la responsabilité délictuelle et le versement de dommages et intérêts.

- **Les contrats préparatoires :** lettres d'intention, accords préparatoires, accords de principe, pactes de préférence…
- **Les promesses de contrat :** dans la promesse unilatérale le promettant accorde son consentement, à un contrat futur et déterminé, au bénéficiaire qui a le choix de lever ou non l'option. Dans la promesse synallagmatique les parties donnent leur consentement au contrat définitif.

B. La rencontre de l'offre et de l'acceptation

FICHE 1

L'offre de contrat doit contenir les éléments essentiels du contrat futur. Elle n'est susceptible que d'acceptation pure et simple.

L'acceptation est l'expression définitive du destinataire de l'offre de conclure le contrat aux conditions prévues par l'offrant.

III ▶ Les conditions de validité du contrat

A. Les conditions de fond

▶ Le consentement

Le consentement de chaque contractant doit exister et être exempt de vices.

Les vices du consentement sont :

- **l'erreur :** les contractants sont de bonne foi. Pour être une cause de nullité, l'erreur doit porter sur la substance, sur les qualités substantielles de la chose, ou sur la personne s'il s'agit de l'élément essentiel du contrat ;
- **le dol :** doit comporter deux éléments, un élément matériel (la manœuvre dolosive : le mensonge, la réticence…) et l'intention (la volonté d'induire le cocontractant en erreur) ;
- **la violence :** il peut s'agir d'une violence physique, morale ou économique.

La lésion n'est pas un vice du consentement car elle ne concerne que certaines personnes ou certains contrats. Il s'agit d'un déséquilibre important des prestations dans le contrat lors de sa formation.

▶ La capacité

Selon le Code civil, toute personne peut contracter si elle n'en est pas déclarée incapable par la loi. Il s'agit des mineurs non émancipés et des majeurs protégés.

Le principe est que toute personne a la capacité, l'incapacité étant l'exception.

▶ L'objet

L'objet du contrat et l'objet de l'obligation doivent exister et être licites. Il s'agit de ce pour quoi l'on s'engage.

▶ La cause

Il s'agit de la raison pour laquelle on s'engage. La cause du contrat et la cause de l'obligation doivent exister et être licites.

FICHE 1

B. Les conditions de forme

Selon le principe de la théorie de l'autonomie de la volonté, les contrats sont formés par le seul échange des consentements.

Exception : les contrats solennels sont soumis à l'observation de formalités particulières.

C. La nullité : sanction des conditions de formation et de validité des contrats

Types de nullité	Personnes pouvant agir	Mise en œuvre
Nullité relative	La personne que la loi entend protéger	Lorsque la règle violée est ordonnée pour la sauvegarde d'un intérêt privé
Nullité absolue	Toute personne présentant un intérêt à agir	Lorsque la règle violée est ordonnée pour la sauvegarde de l'intérêt général

Dans les deux cas les effets sont identiques : le contrat est anéanti, il est censé n'avoir jamais existé.

La nullité doit être distinguée de :

- la caducité : le contrat valablement formé a perdu par la suite un de ses éléments essentiels ;
- la résolution : anéantissement d'un contrat valablement formé à exécution instantanée. Elle sanctionne l'inexécution. Les effets sont les mêmes que ceux de la nullité (on parle de résiliation pour les contrats à exécution successive, dans ce cas le contrat ne prend fin que pour l'avenir) ;
- l'inopposabilité : sanctionne une irrégularité qui ne concerne pas l'exécution du contrat. L'acte est maintenu entre les parties, seuls les tiers peuvent l'ignorer.

IV ▶ L'exécution du contrat

A. Les effets du contrat

1. Les effets du contrat entre les parties

▶ Le principe : la force obligatoire du contrat

L'article 1134 du Code civil dispose que le contrat légalement formé doit être exécuté de bonne foi. Les parties sont liées par leur engagement, elles ne peuvent revenir sur leur consentement que par leur seule volonté.

▶ Les atténuations au principe de la force obligatoire du contrat

Les parties peuvent se mettre d'accord pour révoquer leur contrat. Elles peuvent également avoir prévu une clause de dédit ou de résiliation unilatérale.

De même il peut y avoir simulation lorsque les parties dissimulent leur volonté réelle derrière une volonté purement apparente.

2. Les effets du contrat à l'égard des tiers

▶ **Le principe : l'effet relatif des conventions**

Selon l'article 1165 du Code civil, le contrat ne peut ni profiter, ni nuire aux tiers.

Ce principe s'applique essentiellement aux tiers absolus au contrat c'est-à-dire qui n'ont aucun lien de droit avec les parties.

▶ **Les atténuations**

- Le contrat est opposable aux tiers (même aux tiers absolus).
- Les ayants cause à titre universel : les héritiers et les légataires universels sont assimilés aux parties au contrat.
- Les créanciers et les ayants cause à titre particulier ne sont pas non plus des tiers absolus.

▶ **Les exceptions**

- La stipulation pour autrui.
- La promesse de porte-fort.
- Transmission des contrats attachés à une chose.
- Transmission des actions contractuelles : l'action directe.

3. Les effets du contrat à l'égard du juge

▶ **Le principe**

Lorsque les clauses du contrat sont claires le juge doit l'appliquer.

▶ **Les atténuations :**

Lorsque les clauses du contrat sont obscures ou ambigües, le juge doit rechercher la commune intention des parties.

▶ **Les exceptions**

- Le forçage du contrat : le juge s'immisce parfois dans le contrat afin de créer une obligation nouvelle (exemple l'obligation de sécurité dans le contrat de transport).
- Les clauses abusives (voir la fiche 2).

B. Les modalités d'exécution du contrat

L'article 1234 du Code civil énonce les différentes modalités d'exécution du contrat :

- le payement ;
- la novation,
- la remise de la dette ;
- la compensation ;
- la confusion ;

– la perte de la chose ;
– la nullité ou la rescision ;
– l'application de la condition résolutoire ;
– la prescription.

V ▶ L'inexécution du contrat

L'inexécution du contrat peut être à l'origine de différentes sanctions qui peuvent être invoquées par le créancier à l'encontre du débiteur :

– **l'exception d'inexécution** : le créancier peut l'invoquer dans certains contrats à l'encontre du débiteur qui n'exécute pas sa propre obligation ;
– **l'anéantissement du contrat** : l'inexécution peut être sanctionnée par la résolution judiciaire ou - par exception - le contractant dont l'engagement n'a pas été satisfait peut rompre unilatéralement le contrat sans recours au juge (par exemple en présence d'une clause résolutoire). Enfin la résolution peut être prononcée lorsque l'inexécution est due à un cas de force majeure ;
– **l'exécution forcée en nature** : le contractant est en droit d'obtenir ce qui est prévu dans le contrat toutes les fois que cela est possible.

Enfin, la dernière sanction découle de la responsabilité contractuelle qui s'applique lorsque le dommage a été causé du fait de l'inexécution ou de la mauvaise exécution du contrat.

Elle nécessite quatre conditions : un contrat ; une faute contractuelle ; un dommage ; un lien de causalité entre la faute et le dommage.

Afin de savoir à qui incombe la charge de la preuve, il suffit de distinguer l'obligation de moyens et l'obligation de résultat (voir I. A, la distinction entre les deux).

Cependant il est possible aux parties, par un aménagement conventionnel, de modifier le régime légal de la responsabilité :

– **clause exclusive de responsabilité** : le débiteur est déchargé de l'obligation de réparer le dommage. Cependant ce type de clause encourt souvent la nullité ;
– **clause limitative de responsabilité** : limite les dommages et intérêts que le débiteur devra payer, le régime juridique de ces dernières est identique à celui des clauses de non responsabilité ;
– **clause pénale** : elle prévoit par avance le montant des dommages et intérêts dus par celui qui a manqué à ses obligations contractuelles. Il s'agit d'une sanction civile.

Téléchargez gratuitement deux exercices corrigés sur le site www.editions-foucher.fr

Contrats spéciaux conclus par l'entreprise

Soumis au droit commun (fiche 1), ces contrats obéissent également à des règles particulières.

FICHE 2

I ▶ Le contrat de vente

A. Définition et classifications du contrat de vente

Le contrat de vente organise le transfert de la propriété d'un bien en contrepartie d'une somme d'argent, obligeant le vendeur à délivrer le bien vendu et à l'acheteur à en payer le prix.

Les classifications communément admises du contrat de vente sont : synallagmatique, commutatif, consensuel, translatif et onéreux.

Le contrat de vente peut être civil, commercial ou mixte.

L'article 1594 du Code civil dispose « tous ceux auxquels la loi ne l'interdit pas, peuvent acheter ou vendre ».

Des restrictions sont apportées à la liberté contractuelle car certaines dispositions interdisent ou rendent obligatoires les actes d'achat ou de vente.

Exemple

Il existe des achats imposés (clauses de quota, de minima…) et des ventes forcées (mesures d'expropriation…).

B. Formation du contrat de vente

La qualité du consentement doit être assurée par l'information du contractant et le temps de réflexion.

S'il existe une obligation générale d'information, on assiste aujourd'hui à une obligation d'information accrue du professionnel au profit du consommateur sur les caractéristiques du bien ou du service, sur le prix, les conditions de vente, les limitations de responsabilité… Ces exigences ont été renforcées par la loi nº 2014-344 du 17 mars 2014 relative à la consommation.

L'aménagement conventionnel de la vente est fréquent.

Il peut s'agir d'une vente éventuelle lorsque l'élément manquant affecte la formation du contrat, ou conditionnelle lorsqu'il concerne la perfection de l'acte.

La vente définitive peut être précédée d'un contrat préparatoire, ou avant contrat. Il peut s'agir d'une promesse synallagmatique (engagement pris simultanément par le vendeur de vendre et par l'acheteur d'acheter) ou d'une promesse unilatérale (contrat par lequel une personne s'engage envers une autre à lui vendre, moyennant un prix, une chose déterminée sans que cette dernière s'engage à acheter). Les accords de négociation, le pacte de préférence, le contrat préliminaire, le contrat-cadre… donnent à la vente future un caractère éventuel car sa conclusion dépend de la volonté des parties.

Quant à la vente conditionnelle elle suspend l'efficacité du contrat : l'élément manquant concerne une autorisation administrative, l'obtention d'un prêt...

Enfin le consentement donné à la vente peut être provisoire lorsque les parties se réservent la faculté de remettre en cause le contrat : vente avec faculté de dédit, ou de repentir.

Pour pouvoir être vendue, la chose doit exister, être appropriée, dans le commerce et déterminée ou déterminable.

Le prix est l'élément essentiel du contrat. Il doit être déterminé ou déterminable.

C. Effets du contrat de vente

Selon l'article 1583 du Code civil la propriété se transfère par le seul échange des consentements (le transfert de propriété doit être distingué de l'obligation de délivrance).

1. Le transfert de propriété dès l'échange des consentements ne concerne que les corps certains. Pour les choses de genre le transfert ne peut avoir lieu que lors de leur individualisation.

2. Une clause de réserve de propriété peut suspendre le transfert jusqu'à la survenance d'un évènement déterminé.

Le transfert des risques suit le transfert de propriété. Ainsi, l'acquéreur supporte les risques de la chose dès l'accord des volontés.

Le vendeur a deux obligations principales :

– L'obligation de délivrance d'une chose conforme ;

– La garantie des vices cachés.

Le défaut de conformité s'apprécie eu égard aux stipulations contractuelles. Il se distingue du vice caché qui rend la chose impropre à l'usage auquel elle était destinée.

Les obligations de l'acheteur sont :

– l'obligation de payer le prix ;

– l'obligation de retirer la chose.

II ▶ Le contrat d'entreprise

A. Définition et formation du contrat d'entreprise

Contrat par lequel l'une des parties, l'entrepreneur, s'engage à faire quelque chose pour l'autre, le maître de l'ouvrage, moyennant un prix convenu entre elles.

Le contrat d'entreprise tend à la fourniture d'un service (prestation de service ou chose à fabriquer). Il peut donc s'agir d'un travail intellectuel ou manuel.

Exemple

Le contrat d'entreprise regroupe un grand nombre d'activités : activité médicale, transport, activité de conseil, entretien, réparation, restauration...

Le contrat d'entreprise est formé par la simple rencontre des volontés sur l'objet de la prestation.

Le travail doit être fourni en dehors de tout lien de subordination (distinction essentielle avec le contrat de travail). Le contrat d'entreprise doit être réalisé à titre indépendant.

La détermination du prix ne conditionne pas la validité du contrat d'entreprise.

B. Effets du contrat d'entreprise

L'obligation essentielle de l'entrepreneur est d'exécuter la prestation qui lui a été confiée. Il est également tenu d'une obligation de conseil et de sécurité.

Quant au maître de l'ouvrage il est tenu au paiement du prix convenu, à une obligation de coopération et, enfin, il doit retirer la chose et réceptionner les travaux.

III ▶ Les contrats de distribution

Seuls seront abordés : le contrat de concession et le contrat de franchise.

A. Le contrat de concession

Contrat par lequel un commerçant – appelé concessionnaire – met son entreprise de distribution au service d'un commerçant ou industriel – appelé concédant – pour assurer exclusivement sur un territoire déterminé, pendant une période déterminée ou non et sous la surveillance du concédant, la distribution de produits dont le monopole de revente lui est concédé.

L'exclusivité n'est pas forcément réciproque car le concessionnaire peut être autorisé à vendre des produits concurrents. En revanche l'exclusivité de distribution accordée au concessionnaire est essentielle.

Seules les spécificités de ce type de contrat sont abordées :

- **l'exclusivité** : l'exclusivité accordée au concessionnaire porte sur le territoire concédé et sur les produits concernés ;
- **les obligations des parties** : le concédant est tenu d'informer le concessionnaire par la remise d'un document dont le contenu est fixé par décret. Il doit respecter l'exclusivité. Il reconnait au concessionnaire le droit d'utiliser la marque et l'enseigne pour la distribution de ses produits. Il fournit au concessionnaire une assistance technique, financière, de gestion et s'engage à définir la politique commerciale du groupe et à promouvoir le produit. Quant au concessionnaire il achète les marchandises au concédant et est soumis aux mêmes obligations que tout acheteur. La clause d'obligation d'achat exclusif est fréquente, mais doit être précise et limitée dans le temps. Le concessionnaire est tenu de respecter les règles inhérentes au contrat de concession.

B. La franchise

Accord par lequel une entreprise, le franchiseur, accorde à une autre, le franchisé, en échange d'une compensation financière directe ou indirecte, le droit d'exploiter une franchise dans le but de commercialiser des types de produits et/ou de services déterminés.

La franchise peut concerner l'utilisation d'un nom ou d'une enseigne ainsi qu'un savoir-faire original.

Les principales obligations des parties sont :

- **pour le franchisé :** le versement d'un droit d'entrée ainsi qu'une redevance périodique, obligation de s'approvisionner en tout ou partie auprès du franchiseur, obligation de respecter les conditions du franchiseur et de se soumettre au contrôle de ce dernier.
- **pour le franchiseur :** obligation de fournir au franchisé les produits ou services à distribuer, de mettre la marque et autres droits de propriété intellectuelle à disposition du franchisé et de transmettre savoir-faire, conseils et assistance.

IV ▶ Les contrats de consommation

Ce sont les règles issues du droit de la consommation qui s'appliquent lorsqu'elles dérogent au droit commun.

A. Contrats liés à l'achat de biens ou de services

Une des obligations essentielles de ce type de contrat est l'obligation d'information.

Dans certains cas énumérés par la loi le consommateur peut bénéficier d'un délai de réflexion ou de rétractation ; un formalisme peut également être imposé.

La loi a également instauré une protection pénale du consentement.

Enfin le législateur est intervenu dans les contrats de consommation en définissant la notion de clauses abusives.

Selon l'article L 132-1 du Code de la consommation sont abusives les clauses qui ont pour objet ou pour effet de créer au détriment du consommateur un déséquilibre significatif entre les droits et obligations des parties au contrat.

En principe seule la clause abusive est annulée, le contrat reste valable.

Le consommateur bénéficie des garanties consuméristes ; de la garantie de conformité, de la garantie commerciale, d'une interprétation des contrats qui lui est favorable et d'une obligation de sécurité.

B. Contrat de crédit à la consommation

Il s'agit de toute opération de crédit – et de son cautionnement éventuel – consentie à titre habituel à un consommateur par des personnes physiques ou morales.

Le consommateur se voit remettre une offre préalable de crédit en double exemplaire qui doit contenir des mentions informatives précises.

L'offre doit être maintenue, dans les conditions initiales, pendant un délai d'au moins quinze jours. L'emprunteur bénéficie d'un droit de rétractation (qui, à compter du 1er mai 2011, est de 14 jours).

L'interdépendance entre le contrat de prêt et le contrat principal est la caractéristique essentielle des crédits affectés.

En cas de rétractation du contrat principal par le consommateur, le contrat de prêt est résilié de plein droit. En cas de contestation sur l'exécution du contrat principal, le tribunal peut suspendre l'exécution du contrat de prêt. Celui-ci est résolu ou annulé de plein droit lorsque le contrat en vue duquel il a été conclu est lui-même judiciairement résolu ou annulé.

D'autres contrats de prêts sont dits non affectés lorsqu'ils ne sont pas liés à un acte de consommation précis.

Le consommateur peut toujours rembourser par anticipation (à son initiative).

V ▶ Le contrat d'assurance

A. Contrat d'assurance : règles générales

L'assureur s'engage à verser à l'assuré une somme d'argent déterminée en cas de survenance d'un risque défini en échange du paiement par l'assuré d'une certaine prime. Le contrat d'assurance est un contrat aléatoire.

Les éléments constitutifs du contrat d'assurance sont : le risque, la prime et l'indemnité.

L'assureur doit fournir à l'assuré une fiche d'information sur le prix et les garanties, ainsi qu'un projet de contrat ou une notice d'information. Ensuite l'assureur fait remplir à l'assuré une proposition d'assurance.

Le contrat se forme lorsque l'assureur accepte la proposition d'assurance.

+ La modification du contrat doit généralement résulter d'un accord des parties. Cependant le droit des assurances prévoit qu'est considérée comme acceptée la proposition faite par l'assuré de modifier le contrat si l'assureur ne refuse pas cette proposition dans les dix jours de sa réception.

B. Les assurances contractées par l'entreprise

Les assurances proposées par les assureurs aux entreprises sont variées. Elles peuvent concerner :

- l'assurance des biens de l'entreprise ;
- l'assurance de la responsabilité civile de l'entreprise ;
- l'assurance de la responsabilité civile du chef d'entreprise ;
- l'assurance hommes-clé.

C. Gestion patrimoniale de l'entrepreneur par les contrats d'assurance-vie

Les contrats d'assurance en cas de vie permettent la constitution d'une épargne et sa restitution au bénéficiaire sous forme de rente ou de capital, si la personne est en vie au terme convenu.

Les contrats d'assurance en cas de décès permettent la constitution d'une épargne et sa restitution au bénéficiaire sous forme de rente ou de capital, si la personne assurée décède avant le terme convenu du contrat.

Le souscripteur d'un contrat d'assurance vie ou décès peut y renoncer par LRAR dans un délai de 30 jours à compter du premier versement de cotisation.

Ces contrats sont utilisés par les entreprises comme de véritables instruments de mobilisation de fonds, de garantie de crédit et de transmission du patrimoine.

Téléchargez gratuitement deux exercices corrigés sur le site www.editions-foucher.fr

Le droit pénal général

FICHE 3

Trois éléments constitutifs de l'infraction

- élément légal
- élément matériel
- élément intentionnel

↓

Trois classifications des infractions

- légale
- fondée sur l'élément matériel
- fondée sur l'élément intentionnel

⇒ ***Les personnes responsables des infractions***

- celles qui commettent l'infraction
  - → l'auteur
  - → le complice
- celles dont la responsabilité peut être mise en cause
  - → les personnes morales
  - → les personnes responsables du fait d'autrui

⇒ ***Les peines***

Deux catégories de peines

→ les peines applicables aux *personnes physiques*
→ les peines applicables aux *personnes morales*

⇒ *Régime des peines*

- personnalisation
- aggravation
- extinction et effacement des condamnations

I ▶ Les éléments constitutifs de l'infraction

L'**infraction** est la violation d'une **règle pénale** ; elle cause un trouble à l'**ordre public**.

Pour qu'une infraction soit constituée, il est nécessaire de prouver la réunion de **trois éléments : légal, matériel** et **intentionnel**. S'il manque l'un de ces éléments, la personne en cause ne peut pas être poursuivie pour les faits qu'elle a commis.

A. L'élément légal

Toute infraction (**crime, délit** ou **contravention**), pour être punissable, doit être définie par un texte pénal (**loi** ou **règlement**) ; cela signifie que si des faits sont commis par une personne et qu'ils ne sont pas prévus par la loi, ils ne peuvent pas faire l'objet de **peines**.

▶ **L'application de la loi pénale**

dans le temps : pour les **lois pénales de fond** : c'est le principe de non-rétroactivité qui s'applique (exception : pour les lois pénales plus douces) ; pour les **lois pénales de forme,** l'application d'une nouvelle loi est immédiate ;

– dans l'espace : la loi pénale française sanctionne les infractions commises sur le territoire français par les Français et les étrangers.

B. L'élément matériel

On distingue deux types d'élément matériel en fonction des conditions dans lesquelles s'est produite l'infraction :

- **commission** de l'infraction : on distingue les infractions de commission (acte positif) et les infractions d'omission ou d'abstention (inexécution d'une obligation légale) ;
- **tentative** d'infraction, qui est constituée par un commencement d'exécution, une absence de désistement et une intention coupable.

C. L'élément intentionnel

C'est l'élément moral, qui doit être prévu par le texte qui définit l'infraction.

II ▶ La classification des infractions

Les infractions sont classées, suivant leur gravité, en crimes, délits et contraventions.

A. Classification légale

Régime juridique	Crime	Délit	Contravention
Tentative	Toujours punissable	Punissable dans les cas prévus par la loi	Jamais punissable
Complicité	Toujours punissable	Toujours punissable	Est punissable dans certains cas, si le règlement le prévoit
Prescription de l'action publique	10 ans (30 ans en cas d'association de malfaiteurs, par exemple)	3 ans (mais 20 ans, par exemple en cas d'association de malfaiteurs ou de trafic de stupéfiants)	1 an

Régime juridique	Crime	Délit	Contravention
Instruction	Obligatoire	Obligatoire, si elle est prévue par la loi	Seulement, possible sur réquisition du procureur de la République
Charge de la preuve	Le ministère public doit prouver l'infraction		L'infraction est présumée commise
Juridiction compétente	Cours d'assises	Tribunal correctionnel	Tribunal de police
Prescription de la peine	20 ans	5 ans	2 ans

B. Autres classifications

La classification **fondée sur l'élément matériel** distingue : les infractions de commission, d'omission ou d'abstention, instantanées ou continues, flagrantes ou non flagrantes, simples ou complexes.

La classification **fondée sur l'élément moral** distingue les infractions intentionnelles ou non intentionnelles.

III ▶ Les personnes responsables de l'infraction

A. L'auteur de l'infraction

C'est la personne qui réalise l'infraction. L'auteur est puni s'il commet l'infraction ou tente de la commettre.

B. Le complice de l'infraction

Pour qu'il y ait complicité, trois éléments doivent être réunis : un élément légal (une infraction principale : crime ou délit), un élément matériel (tel qu'un acte positif), un élément intentionnel (action en connaissance de cause). Le complice encourt les mêmes peines que l'auteur.

C. Mise en jeu de la responsabilité pénale de la personne morale

Les personnes morales sont responsables pénalement des **infractions commises, pour leur compte, par leurs organes ou représentants**.

La responsabilité pénale des personnes morales n'exclut pas celle des personnes physiques auteurs ou complices des mêmes faits.

D. Responsabilité pénale du fait d'autrui

La responsabilité pénale du dirigeant d'une entreprise peut être engagée dans les cas suivants :

- en tant qu'employeur, s'il n'a pas manifestement respecté une obligation de sécurité ou de prudence sur le lieu de travail ;
- s'il a commis une faute personnelle qui expose ses salariés à un risque grave qu'il ne pouvait ignorer.

Le dirigeant peut être exonéré de sa responsabilité s'il prouve l'une des situations suivantes :

- la faute a été commise par une personne à laquelle il a fait une délégation de pouvoirs ;
- il a mis en œuvre tous les moyens prévus par la loi ou le règlement et il n'a commis aucune faute.

FICHE 3

IV ▶ La peine

C'est la sanction légale infligée à l'auteur d'une infraction ou à son complice par la juridiction pénale. Le juge statue selon le principe de la légalité des peines.

A. Classification des peines

La loi distingue d'une part les peines **principales** que le juge doit prononcer et, d'autre part, les peines **complémentaires** et les peines **de substitution** (ou alternatives) que le juge peut prononcer.

En fonction des infractions, les peines sont **contraventionnelles**, **correctionnelles** ou **criminelles**.

La loi différencie les peines applicables aux personnes physiques (ex : emprisonnement, travail d'intérêt général) et celles qui s'appliquent aux personnes morales (ex : dissolution).

B. Régime des peines

Les peines peuvent être personnalisées, aggravées ou être éteintes :

- personnalisation de la peine : ex : semi-liberté, placement sous surveillance électronique, fractionnement de la peine, prononcé d'un sursis ;
- aggravation de la peine : ex : en cas de circonstances aggravantes ou de récidive ;
- extinction de la peine : ex : prescription de la peine, amnistie ou réhabilitation.

MÉMO

Mots clés : infraction, loi pénale, éléments de l'infraction (légal, matériel, intentionnel), tentative d'infraction, auteur, complice, responsabilité pénale des personnes morales, responsabilité pénale du fait d'autrui, peine.

La procédure pénale

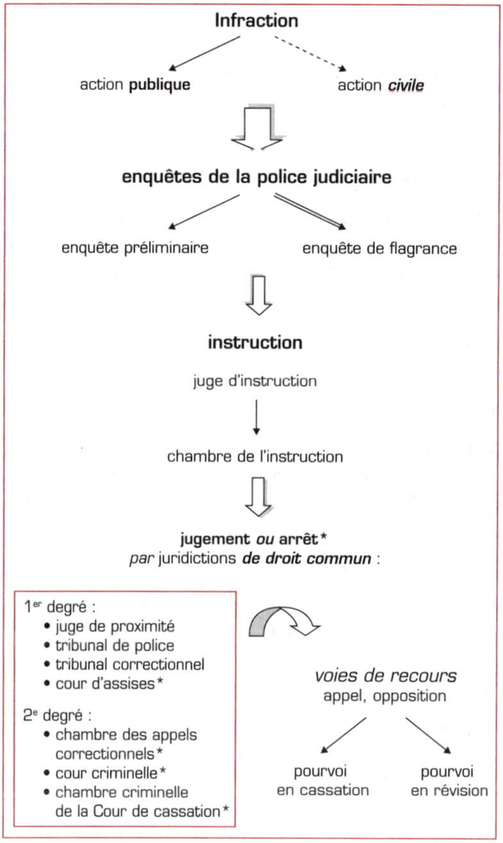

I ▶ Les actions en justice

L'**action publique** vise à réparer le trouble causé à l'**ordre public**.

Elle est en principe exercée par le ministère public, qui applique le **principe de l'opportunité des poursuites** (le procureur de la République peut en particulier décider de poursuivre la personne ou de ne pas la poursuivre).

L'action est mise en mouvement par le ministère public ou la partie lésée (ex : par une constitution de partie civile devant le juge d'instruction). Les auteurs et les complices sont visés. La juridiction répressive est saisie.

Cette action est éteinte notamment par la prescription, le retrait de la plainte ou la chose jugée.

L'**action civile** a pour but de réparer le préjudice causé à la **victime**.

Elle est en principe exercée par la victime, partie civile, ou ses héritiers. La partie civile peut ne pas être victime (ex : si est un ordre professionnel).

La partie civile peut agir devant la juridiction pénale ou la juridiction civile. L'action exercée au civil ne peut plus être exercée au pénal. Elle est éteinte notamment si elle est engagée après le délai de prescription prévu pour l'action publique.

II ▶ Les enquêtes de la police judiciaire

La **police judiciaire** (PJ) a pour mission de constater les infractions et d'en rechercher les preuves et les auteurs tant que l'information du juge d'instruction n'est pas ouverte. Puis elle exécute les délégations de pouvoirs du juge d'instruction.

La PJ est composée des officiers de PJ, des agents de PJ et de certains fonctionnaires et agents de police.

La PJ effectue deux types d'enquête :

• l'**enquête préliminaire**, d'office ou à la demande du procureur de la République. La PJ dispose de divers pouvoirs (ex : perquisitions et visites domiciliaires, gardes à vue). A l'issue de l'enquête, le procureur peut notamment saisir le juge d'instruction ou faire un classement sans suite ;

• l'**enquête de flagrance** en cas d'infraction flagrante. La PJ dispose ici de pouvoirs plus étendus que pour l'enquête préliminaire. A l'issue de l'enquête, le procureur peut notamment saisir le jugement d'instruction en matière de crime et de délit.

III ▶ L'instruction

L'instruction est effectuée par :

• des juridictions du premier degré :

– le **juge d'instruction** (magistrat du TGI) : il effectue une instruction (ou information) judiciaire. Celle-ci est obligatoire pour les crimes, facultative en principe pour les délits, non prévue pour les contraventions. Le juge est saisi par le procureur de la République ou la partie civile. Il recherche les preuves et instruit à charge et à décharge. Il a notamment le pouvoir de faire des mises en examen et de décerner des mandats (ex : mandat d'amener, mandat d'arrêt). Il prend des décisions par ordonnances (ex : ordonnance d'irrecevabilité, ordonnance de règlement) ;

– le **juge des libertés et de la détention** (magistrat du TGI) : il est saisi par le juge d'instruction. Il peut mettre une personne en détention provisoire ou sous contrôle judiciaire ; il peut aussi la mettre en liberté ;

• une juridiction du second degré : la **chambre de l'instruction** (chambre de la cour d'appel). Elle statue sur les appels concernant les ordonnances rendues par le juge d'instruction et le juge des libertés et de la détention. Saisie en particulier par la personne mise en examen ou le ministère public, elle a notamment le pouvoir de contrôler l'instruction et mettre les personnes en liberté.

IV ▸ La décision du juge : jugement ou arrêt

Les juridictions du premier degré rendent des jugements, sauf la cour d'assises qui rend des arrêts. Il s'agit du **juge de proximité** qui juge les contraventions des 4 premières classes, du **tribunal de police** qui est compétent pour statuer sur les contraventions de la 5ème classe, du **tribunal correctionnel** qui juge les délits et de la **cour d'assises** qui est compétente pour les crimes.

Devant chacune de ces juridictions, une procédure particulière doit être appliquée.

Les juridictions du second degré sont composées de la **chambre des appels correctionnels** (pour les contraventions et les délits) et la **cour d'assises d'appel** (pour les crimes). Elles rendent des arrêts.

Devant chacune de ces juridictions, une procédure particulière doit être appliquée.

La **Cour de cassation**, chambre criminelle, statue sur les pourvois en cassation pour violation de la loi.

V ▸ Les voies de recours contre la décision du juge

On distingue deux types de **voies de recours** :

- les voies de recours ordinaires : l'**appel** (devant la cour d'appel) et l'**opposition** (devant la juridiction qui a déjà statué, notamment en cas de jugement rendu par défaut), où les juridictions saisies statuent sur le droit et les faits ;
- les voies de recours extraordinaires, qui sont exercées devant la Cour de cassation : le **pourvoi en cassation** et la **demande (ou pourvoi) en révision**, pour lesquels les juridictions saisies sont compétentes pour statuer soit sur des erreurs de droit (pourvoi en cassation), soit sur des erreurs de fait (demande en révision).
- La loi prévoit une procédure spécifique pour la mise en œuvre de chacune de ces voies de recours.

MÉMO

Mots clés : action en justice, action publique, ordre public, action civile, victime, enquêtes de la police judiciaire, juge d'instruction, juge des libertés et de la détention, chambre de l'instruction, juge de proximité, tribunal de police, tribunal correctionnel, cour d'assises, chambre des appels correctionnels, cour d'assises d'appel, Cour de cassation, ordonnance, jugement, arrêt, voies de recours.

Le droit pénal spécial des affaires et des sociétés

FICHE 5

Droit pénal SPECIAL DES AFFAIRES ⇒ dans toute société	Délit de présentation ou de publication de comptes annuels ne donnant pas une image fidèle		
	Délit de distribution de dividendes fictifs		
	Délit d'abus des biens ou du crédit		
	Délit d'abus de pouvoirs		
Droit pénal DES SOCIETES	Infractions relatives à la constitution des sociétés	Dans la SARL	Ex : délit de surévaluation frauduleuse d'un apport en nature
		Dans la SA	Ex : contravention relative à la négociation d'actions
	Infractions relatives aux assemblées d'associés	Dans la SARL	Ex : contravention relative au non établissement des comptes annuels
		Dans la SA	Ex : délits relatifs à la participation des actionnaires à une AG
	Infractions relatives aux droits sociaux	Dans la SA	Ex : contravention relative à la détention d'actions
	Infractions relatives aux modifications du capital social	Dans la SARL	Ex : délit d'émission de certaines valeurs mobilières
		Dans la SA	Ex : infractions relatives à l'augmentation de capital
		Dans la SAS	*Ex.* : délit de non consultation des associés
	Infractions relatives au contrôle des sociétés	Concernent le CAC	*Ex.* : délits relatifs à l'exercice de la profession de CAC
	Infractions relatives au fonctionnement des marchés financiers	Dans les sociétés inscrites à un marché réglementé	Ex : délit d'initié

I ▶ Le droit pénal spécial des affaires

4 délits essentiels qui peuvent être commis dans toute société.

A. Délit de présentation ou de publication de comptes annuels ne donnant pas une image fidèle

La loi punit toute personne qui, même en l'absence de toute distribution de dividendes, présente aux associés des comptes annuels ne donnant pas, pour chaque exercice, une image fidèle du résultat des opérations de l'exercice, de la situation financière et du patrimoine à l'expiration de cette période en vue de dissimuler la véritable situation de la société.

La présentation des comptes est sanctionnée dans la SARL et la SA, alors que la publication des comptes n'est prise en compte que pour la SA. Ce délit est intentionnel.

B. Délit de distribution de dividendes fictifs

La loi punit le fait d'opérer entre les associés la répartition de dividendes fictifs, en l'absence d'inventaire ou au moyen d'inventaires frauduleux. Ce sont les dirigeants qui sont visés ici. Ce délit est intentionnel.

C. Délit d'abus des biens ou du crédit

La loi punit les dirigeants qui, de mauvaise foi, font des biens ou du crédit de la société, un usage qu'ils savent contraire à l'intérêt de celle-ci, à des fins personnelles ou pour favoriser une autre société ou entreprise dans laquelle ils sont intéressés directement ou indirectement.

Ce délit est intentionnel.

D. Délit d'abus de pouvoirs

La loi punit les dirigeants qui, en leur qualité de dirigeant et de mauvaise foi, font des pouvoirs qu'ils possèdent ou des voix dont ils disposent, un usage qu'ils savent contraire aux intérêts de la société, à des fins personnelles ou pour favoriser une autre société ou une autre entreprise dans laquelle ils sont intéressés directement ou indirectement.

Ce délit est intentionnel.

II ▶ Le droit pénal des sociétés

La loi punit les personnes qui n'appliquent pas des dispositions impératives du droit des sociétés et qui, de ce fait, commettent des infractions prévues par les codes.

Les infractions concernent la constitution, la vie et la dissolution des sociétés. Elles peuvent être différentes sur certaines incriminations en fonction de la structure juridique concernée.

A. Infractions relatives à la constitution des sociétés

▶ Dans la SARL

- délit d'émission de certaines valeurs mobilières (interdites par la loi) est commis par les gérants. Ce délit n'est pas intentionnel ;
- délit de surévaluation frauduleuse d'un apport en nature est commis par toute personne. C'est un délit intentionnel.

▶ Dans la SA

- les contraventions relatives à l'émission ou à la négociation d'actions ou de coupures d'actions commis par les fondateurs et les dirigeants sont punis dans des conditions précises : ex : lorsqu'il y a émission avant l'immatriculation de la SA au RCS. Ces délits ne sont pas intentionnels ;
- délit de surévaluation frauduleuse d'un apport en nature : *cf.* SARL.

B. Infractions relatives aux assemblées d'associés

▶ Dans la SARL

Les gérants peuvent être punis pour diverses contraventions : non établissement des comptes annuels, non soumission des comptes annuels et du rapport de gestion à l'assemblée des associés. Ces contraventions ne sont pas intentionnelles.

▶ Dans la SA

Les dirigeants peuvent être punis pour diverses infractions : contravention concernant le non établissement des comptes annuels, délit de non soumission des comptes annuels et du rapport de gestion à l'assemblée générale. Ces infractions ne sont pas intentionnelles.

Toute personne peut être punie pour des délits relatifs à la participation des actionnaires à une assemblée générale : *ex.* : fait d'empêcher un actionnaire de participer à une assemblée d'actionnaires. Ces délits sont intentionnels.

C. Infractions relatives aux droits sociaux

Ces infractions concernent les sociétés par actions où les dirigeants de droit ou de fait, ou toute personne, peuvent être punis pour des faits commis relativement aux valeurs mobilières. Par exemple :

- la contravention relative à la détention, directement ou indirectement, des actions à dividende prioritaire, sans droit de vote de la société qu'ils dirigent. Cette infraction n'est pas intentionnelle ;
- les délits relatifs à la participation aux assemblées d'obligataires : toute personne peut être punie, par ex : fait d'empêcher un obligataire de participer à une assemblée. Ces délits sont intentionnels.

D. Infractions relatives aux modifications du capital social

▶ **Dans la SARL**

Les gérants peuvent être punis pour délit d'émission de certaines valeurs mobilières : *cf.* constitution de la SARL.

▶ **Dans les sociétés par actions**

• **Dans la SA**, des infractions concernent l'augmentation et la réduction du capital : *ex.* :

– les dirigeants et les commissaires aux comptes peuvent être punis s'ils fournissent ou confirment des indications inexactes dans les rapports présentés à l'assemblée générale qui doit décider de la suppression du droit préférentiel de souscription. Ce délit est intentionnel ;

– les dirigeants peuvent être punis s'ils ne respectent pas l'égalité des actionnaires lors de la réduction du capital social. Cette contravention n'est pas intentionnelle.

• **Dans la société par actions simplifiée**, les dirigeants peuvent être punis notamment s'ils font offre au public des titres de la société. Cette contravention est non intentionnelle.

E. Infractions relatives au contrôle des sociétés

Ces infractions visent le commissaire aux comptes (CAC). Il peut commettre quatre types de délits :

• délits relatifs à l'exercice de la profession de CAC : *ex.* : exercice illégal de la profession, violation du secret professionnel. Le CAC est visé par ces délits, qui ne sont pas intentionnels ;

• délits relatifs à la désignation du CAC et à l'exercice de ses missions : les personnes qui empêchent la désignation du CAC (délit non intentionnel) ou font obstacle à leurs vérifications (délit intentionnel) peuvent être punies ;

• délits relatifs aux opérations effectuées par le CAC : le CAC peut être puni s'il donne ou confirme des informations mensongères sur la situation de la personne morale, s'il ne révèle par au procureur de la République les faits délictueux dont il a eu connaissance à l'occasion de l'accomplissement de sa mission dans l'entité qu'il contrôle. Ces délits sont intentionnels ;

• délit relatif à l'exercice des fonctions de commissaire aux apports (CAA) : il est commis par le CAC qui accepte les fonctions de CAA dans l'entité qu'il contrôle. Ce délit n'est pas intentionnel.

F. Infractions relatives au fonctionnement des marchés financiers

Il s'agit essentiellement du **délit d'initié** qui vise les dirigeants des sociétés et les personnes qui disposent, à l'occasion de l'exercice de leur profession ou de leurs fonctions, d'informations privilégiées sur les perspectives ou la situation d'un émetteur dont les titres sont négociés sur un marché réglementé et qui réalisent ou permettent de réaliser, directement ou par personne interposée, une ou plusieurs opérations avant que le public ait connaissance de ces informations. Ce délit est intentionnel.

FICHE 5

MÉMO

Mots clés : délit de présentation ou de publication de comptes annuels ne donnant pas une image fidèle, délit de distribution de dividendes fictifs, délit d'abus des biens ou du crédit, délit d'abus de pouvoirs, délits du droit pénal des sociétés, dirigeants, associés, commissaire aux comptes.

Les pratiques anticoncurrentielles

Critères clés de comparaison	Droit COMMUNTAIRE	Droit NATIONAL
Pratiques anticoncurrentielles		
Ententes	X	X
Abus de position dominante	X	X
Abus de domination économique		X
Prix abusivement bas		X
Principales autorités compétentes pour sanctionner		
En fonction du lieu géographique où les pratiques incriminées ont eu lieu	Commission européenne	Autorité de la concurrence

I ▶ Droit communautaire

A. Ententes

L'article 101 du traité sur le fonctionnement de l'Union européenne (TFUE) vise les **ententes** (ex-art. 81 du traité instituant la Communauté européenne, anc. art. 85 du traité de Rome). Il dispose que « ***sont incompatibles avec le marché intérieur*** *et interdits tous accords entre entreprises, toutes décisions d'associations d'entreprises et toutes pratiques concertées, qui sont* ***susceptibles*** *d'affecter le commerce entre États membres et qui* ***ont pour objet ou pour effet*** *d'empêcher, de restreindre ou de fausser le jeu de la concurrence à l'intérieur du marché intérieur* ».

Il fournit une liste non limitative des ententes qu'il prohibe. Il vise par ex. les ententes qui ont pour objet de :

« *a) fixer de façon directe ou indirecte les prix d'achat ou de vente ou d'autres conditions de transaction ;*

b) limiter ou contrôler la production, les débouchés, le développement technique ou les investissements ;

c) répartir les marchés ou les sources d'approvisionnement ;

d) appliquer, à l'égard de partenaires commerciaux, des conditions inégales à des prestations équivalentes en leur infligeant de ce fait un désavantage dans la concurrence ;

e) subordonner la conclusion de contrats à l'acceptation, par les partenaires, de prestations supplémentaires qui, par leur nature ou selon les usages commerciaux, n'ont pas de lien avec l'objet de ces contrats. »

L'article 101 précise que les accords ou décisions interdits en vertu du présent article sont **nuls de plein droit**.

FICHE 6

Cependant, il indique que, par exception, **certaines ententes sont autorisées**. Il s'agit notamment de tout accord ou catégorie d'accords entre entreprises, de toute pratique concertée ou catégorie de pratiques concertées qui contribuent à améliorer la production ou la distribution des produits ou à promouvoir le progrès technique ou économique, tout en réservant aux utilisateurs une partie équitable du profit qui en résulte.

A noter que ces accords ou pratiques ne doivent pas imposer aux entreprises intéressées des restrictions qui ne sont pas indispensables pour atteindre ces objectifs, ni donner à des entreprises la possibilité, pour une partie substantielle des produits en cause, d'éliminer la concurrence.

B. Abus de position dominante

L'article 102 du TFUE (ex-art. 82 TCE, anc. art. 86 du traité de Rome) définit ces abus et en donne une liste non limitative : « Est ***incompatible avec le marché intérieur et interdit***, *dans la mesure où* ***le commerce entre États membres est susceptible d'en être affecté,*** *le fait pour une ou plusieurs entreprises d'exploiter de façon* ***abusive*** *une position dominante sur le marché intérieur ou dans une partie substantielle de celui-ci.*

Ces pratiques abusives peuvent notamment consister à :

a) imposer de façon directe ou indirecte des prix d'achat ou de vente ou d'autres conditions de transaction non équitables ;

b) limiter la production, les débouchés ou le développement technique au préjudice des consommateurs ;

c) appliquer à l'égard de partenaires commerciaux des conditions inégales à des prestations équivalentes, en leur infligeant de ce fait un désavantage dans la concurrence ;

d) subordonner la conclusion de contrats à l'acceptation, par les partenaires, de prestations supplémentaires qui, par leur nature ou selon les usages commerciaux, n'ont pas de lien avec l'objet de ces contrats. »

La Commission est compétente pour statuer sur ces faits selon des procédures prévues par le droit communautaire.

II ▶ Droit national

Intègre les dispositions de la loi 2008-776 du 4 août 2008, dite loi LME.

L'Autorité de la concurrence est compétente pour sanctionner les ententes, les abus de position dominante, les abus de dépendance économique et la pratique de prix abusivement bas.

Elle peut condamner les entreprises notamment à mettre fin aux pratiques anticoncurrentielles et leur infliger une sanction pécuniaire dans certains cas. Elle statue selon une procédure précise prévue par la loi.

A. Ententes

Le code de commerce (art. L 420-1, L 420-4) définit les ententes prohibées (ou illicites) et les ententes autorisées (ou licites) qui doivent remplir certaines conditions :

• **sont prohibées** « même par l'intermédiaire direct ou indirect d'une société du groupe implantée hors de France, lorsqu'elles **ont pour objet ou peuvent avoir pour effet** d'empêcher, de restreindre ou de fausser le jeu de la concurrence sur un marché, les actions concertées, conventions, ententes expresses ou tacites ou coalitions, **notamment** lorsqu'elles tendent à :

- 1° Limiter l'accès au marché ou le libre exercice de la concurrence par d'autres entreprises ;
- 2° Faire obstacle à la fixation des prix par le libre jeu du marché en favorisant artificiellement leur hausse ou leur baisse ;
- 3° Limiter ou contrôler la production, les débouchés, les investissements ou le progrès technique ;
- 4° Répartir les marchés ou les sources d'approvisionnement. »

• **sont autorisées** : les pratiques qui résultent de **l'application d'un texte législatif ou d'un texte réglementaire** pris pour son application, les pratiques dont les auteurs peuvent justifier qu'elles ont pour effet d'assurer un **progrès économique**, y compris par la création ou le maintien d'emplois, et qu'elles réservent aux utilisateurs une partie équitable du profit qui en résulte, sans donner aux entreprises intéressées la possibilité d'éliminer la concurrence pour une partie substantielle des produits en cause. Par ailleurs, ces pratiques ne doivent pas imposer de restrictions de la concurrence autres que celles qui sont strictement indispensables pour atteindre cet objectif.

B. Abus de position dominante

Le code de commerce (art. L420-2 al. 1) définit et prohibe les faits constitutifs de ces abus. Il s'agit de « **l'exploitation abusive** par une entreprise ou un groupe d'entreprises **d'une position dominante** sur le marché intérieur ou une partie substantielle de celui-ci ».

Il est précisé que ces abus « peuvent **notamment** consister en refus de vente, en ventes liées ou en conditions de vente discriminatoires ainsi que dans la rupture de relations commerciales établies, au seul motif que le partenaire refuse de se soumettre à des conditions commerciales injustifiées. »

La loi prévoit des exemptions comme pour les ententes : *cf.* A

C. Abus de domination économique

Le code de commerce (art. L420-2 al. 2) définit et prohibe les faits constitutifs de ces abus. Il dispose : « *est en outre prohibée, dès lors qu'elle est susceptible d'affecter le fonctionnement ou la structure de la concurrence,* ***l'exploitation abusive par une entreprise ou un groupe d'entreprises de l'état de dépendance***

FICHE 6

économique *dans lequel se trouve à son égard une entreprise cliente ou fournisseur. Ces abus peuvent notamment consister en refus de vente, en ventes liées [...] »*

La loi prévoit des exemptions comme pour les ententes : *cf.* A

D. Prix abusivement bas

Le code de commerce (art. L 420-5) vise les offres et les pratiques de prix destinées aux consommateurs : *« sont* ***prohibées*** *les* ***offres de prix ou les pratiques de prix de vente aux consommateurs abusivement bas*** *par rapport aux coûts de production, de transformation et de commercialisation, dès lors que ces offres ou pratiques* ***ont pour objet ou peuvent avoir pour effet*** *d'éliminer d'un marché ou d'empêcher d'accéder à un marché une entreprise ou l'un de ses produits ».*

A noter que la loi précise que *« les* ***coûts*** *de commercialisation comportent également et impérativement tous les frais résultant des obligations légales et réglementaires liés à la sécurité des produits.»*

MÉMO

Mots clés : droit communautaire, Commission européenne, droit national, Autorité de la concurrence, ententes, abus de position dominante, abus de domination économique, prix abusivement bas.

La concentration économique

Ce phénomène doit être appréhendé sur : • **2 échelles géographiques** • **4 plans**	
Echelle COMMUNAUTAIRE	**Echelle NATIONALE**
Application du **droit communautaire**	Application du **droit national**
⇒ **détection** des opérations de concentration à l'aide des techniques utilisées pour les réaliser Ex : fusion, acquisition du contrôle	
⇒ **mesure** des concentrations : par le chiffre d'affaires • différents seuils pour la mesure	
⇒ **contrôle** des concentrations :	
par la Commission européenne	par : • l'Autorité de la concurrence • le ministre chargé de l'économie

I ▶ Droit communautaire

Règlement (CE) nº 139/2004 du Conseil du 20 janvier 2004 relatif au contrôle des concentrations entre entreprises

La concentration est ainsi définie :

« *1. Une concentration **est réputée réalisée lorsqu'un changement durable du contrôle résulte :***

*a) de la **fusion** de deux ou de plusieurs entreprises ou parties de telles entreprises, ou*

*b) de l'**acquisition**, par une ou plusieurs personnes détenant déjà le contrôle d'une entreprise au moins ou par une ou plusieurs entreprises, du contrôle direct ou indirect de l'ensemble ou de parties d'une ou de plusieurs autres entreprises, que ce soit par prise de participations au capital ou achat d'éléments d'actifs, contrat ou tout autre moyen.*

*2. Le contrôle découle des **droits**, **contrats** ou **autres moyens** qui confèrent, seuls ou conjointement et compte tenu des circonstances de fait ou de droit, la possibilité d'exercer une influence déterminante sur l'activité d'une entreprise, et notamment :*

a) des droits de propriété ou de jouissance sur tout ou partie des biens d'une entreprise ;

b) des droits ou des contrats qui confèrent une influence déterminante sur la composition, les délibérations ou les décisions des organes d'une entreprise.

*3. Le contrôle est **acquis** par la ou les personnes ou entreprises :*

a) qui sont titulaires de ces droits ou bénéficiaires de ces contrats, ou

b) qui, n'étant pas titulaires de ces droits ou bénéficiaires de ces contrats, ont le pouvoir d'exercer les droits qui en découlent.

*4. La création d'une **entreprise commune** accomplissant de manière durable toutes les fonctions d'une entité économique autonome constitue une concentration au sens du paragraphe 1, point b). [...] »*

FICHE 7

Le règlement s'applique à toutes les concentrations de dimension communautaire, c'est-à-dire lorsque :

- le **chiffre d'affaires** total réalisé sur le **plan mondial** par l'ensemble des entreprises concernées représente un montant supérieur à 5 milliards d'euros, et
- le chiffre d'affaires total réalisé **individuellement** dans la Communauté par au moins deux des entreprises concernées représente un montant supérieur à 250 millions d'euros, à moins que chacune des entreprises concernées réalise plus des deux tiers de son chiffre d'affaires total dans la Communauté à l'intérieur d'un seul et même État membre.

Pour apprécier les concentrations**, la Commission tient compte** notamment de la nécessité de préserver et de développer une concurrence effective dans le marché commun, de la position sur le marché des entreprises concernées et de leur puissance économique et financière, des possibilités de choix des fournisseurs et des utilisateurs, de leur accès aux sources d'approvisionnement ou aux débouchés.

Les concentrations qui n'entraveraient pas de manière significative une concurrence effective dans le marché commun ou une partie substantielle de celui-ci, notamment du fait de la création ou du renforcement d'une position dominante, sont déclarées compatibles avec le marché commun.

II ▶ Droit national

Le Règlement (CE) 139/2004 (*cf.* supra) relatif au contrôle des opérations de concentration entre entreprises s'applique sur le plan national *(intègre les dispositions de la loi 2008-776 du 4 août 2008, dite loi LME).*

Le code de commerce (art. L430-1) définit les conditions dans lesquelles une opération de concentration est réalisée :

*« I.1° Lorsque deux ou plusieurs entreprises antérieurement indépendantes **fusionnent** ;*

*2° Lorsqu'une ou plusieurs personnes, détenant déjà le contrôle d'une entreprise au moins ou lorsqu'une ou plusieurs entreprises acquièrent, directement ou indirectement, que ce soit par prise de participation au capital ou achat d'éléments d'actifs, contrat ou tout autre moyen, le **contrôle** de l'ensemble ou de parties d'une ou plusieurs autres entreprises.*

*II. - La création d'une **entreprise commune** accomplissant de manière durable toutes les fonctions d'une entité économique autonome constitue une concentration au sens du présent article.* »

Le contrôle visé ici découle des droits, contrats ou autres moyens qui confèrent, seuls ou conjointement et compte tenu des circonstances de fait ou de droit, la possibilité d'exercer une influence déterminante sur l'activité d'une entreprise, et notamment :

– des droits de propriété ou de jouissance sur tout ou partie des biens d'une entreprise ;

– des droits ou des contrats qui confèrent une influence déterminante sur la composition, les délibérations ou les décisions des organes d'une entreprise. »

FICHE 7

La loi prévoit trois conditions cumulatives pour qu'une concentration soit soumise au contrôle national :

- le chiffre d'affaires total mondial hors taxes de l'ensemble des entreprises ou groupes des personnes physiques ou morales parties à la concentration est supérieur à 150 millions d'euros ;
- le chiffre d'affaires total hors taxes réalisé individuellement en France par deux au moins des entreprises ou groupes des personnes physiques ou morales concernés est supérieur à 50 millions d'euros ;
- l'opération n'entre pas dans le champ d'application du Règlement CE 139/2004 du 20 janvier 2004 relatif au contrôle des opérations de concentration entre entreprises.

L'opération de concentration doit **être notifiée à l'Autorité de la concurrence avant sa réalisation.** La réalisation effective d'une opération de concentration ne peut intervenir en principe qu'après **l'accord de l'Autorité de la concurrence**.

Si une opération de concentration est réalisée sans être notifiée, l'Autorité de la concurrence peut notamment enjoindre aux parties de notifier l'opération, sous astreinte, à moins de revenir à l'état antérieur à la concentration.

MÉMO

Mots clés : concentration, contrôle, droit communautaire, droit national, Commission européenne, Autorité de la concurrence.

La transparence et les pratiques restrictives

Transparence des opérations entre entreprises	Conditions de vente	générales
		particulières
		délai de règlement des sommes dues
	Convention relative à la négociation commerciale entre un fournisseur et un distributeur	• Conditions de l'opération de vente des produits ou services • Tout service ne relevant pas des obligations d'achat et de vente • Autres obligations destinées à favoriser la relation commerciale
Pratiques restrictives de concurrence	Pratiques non relatives aux prix	Ex : obtention ou tentative pour obtenir un avantage qui ne correspond à aucun service commercial effectivement rendu
	Pratique du prix imposé	
	Revente à perte	

Les dispositions qui suivent intègrent les dispositions de la loi 2008-776 du 4 août 2008, dite loi LME et de l'ordonnance n° 2008-1161 du 13 novembre 2008.
Les articles cités sont ceux du code de commerce.

I ▶ Transparence des opérations entre entreprises

Cette transparence est recherchée en particulier sur deux points essentiels :

• **les conditions de vente** (art. L441-6) : la loi prévoit que tout producteur, prestataire de services, grossiste ou importateur est tenu de communiquer ses **conditions générales de vente** à tout acheteur de produits ou tout demandeur de prestations de services qui en fait la demande **pour une activité professionnelle**. Celles-ci constituent le socle de la négociation commerciale. Elles comprennent :

– les conditions de vente ;

– le barème des prix unitaires ;

– les réductions de prix ;

– les conditions de règlement : sauf dispositions contraires figurant aux conditions de vente ou convenues entre les parties, le *délai de règlement des sommes dues* est fixé au 30e jour suivant la date de réception des marchandises ou d'exécution de la prestation demandée.

Les parties ne peuvent convenir d'un délai supérieur à 45 jours fin de mois ou 60 jours à compter de la date d'émission de la facture.

Tout producteur, prestataire de services, grossiste ou importateur peut convenir avec un acheteur de produits ou demandeur de prestation de services de **conditions particulières de vente** qui ne sont pas soumises à l'obligation de communication ;

• **la convention relative à la négociation commerciale entre un fournisseur et un distributeur** (art. L441-7). Il s'agit de la convention écrite conclue entre le fournisseur et le distributeur ou le prestataire de services, qui indique les **obligations auxquelles se sont engagées les parties en vue de fixer le prix** à l'issue de la négociation commerciale. Elle est établie soit dans un document unique, soit dans un ensemble formé par un contrat-cadre annuel et des contrats d'application, elle fixe notamment :

– les **conditions de l'opération de vente** des produits ou des prestations de services telles qu'elles résultent de la négociation commerciale ;

– les conditions dans lesquelles le distributeur ou le prestataire de services s'oblige à rendre au fournisseur, à l'occasion de la revente de ses produits ou services aux consommateurs ou en vue de leur revente aux professionnels, **tout service propre à favoriser leur commercialisation ne relevant pas des obligations d'achat et de vente.**

II ▶ Pratiques restrictives de concurrence

Ces pratiques sont réglementées sur plusieurs plans :

• **pratiques non relatives aux prix** (art. L442-6) : une entreprise engage sa responsabilité civile pour les faits définis par la loi. Par exemple :

– obtenir ou tenter d'obtenir d'un partenaire commercial un avantage quelconque ne correspondant à aucun service commercial effectivement rendu ou manifestement disproportionné au regard de la valeur du service rendu (ex : participation, non justifiée par un intérêt commun et sans contrepartie proportionnée, au financement d'une opération d'animation commerciale) ;

– soumettre ou tenter de soumettre un partenaire commercial à des obligations créant un déséquilibre significatif dans les droits et obligations des parties ;

– obtenir ou tenter d'obtenir un avantage, condition préalable à la passation de commandes, sans l'assortir d'un engagement écrit sur un volume d'achat proportionné et, le cas échéant, d'un service demandé par le fournisseur et ayant fait l'objet d'un accord écrit ;

– rompre brutalement, même partiellement, une relation commerciale établie, sans préavis écrit tenant compte de la durée de la relation commerciale et respectant la durée minimale de préavis déterminée, en référence aux usages du commerce ;

– participer directement ou indirectement à la violation de l'interdiction de revente hors réseau faite au distributeur lié par un accord de distribution sélective ou exclusive exempté au titre des règles applicables du droit de la concurrence.

La responsabilité de l'entreprise peut être mise en cause devant la juridiction civile ou commerciale.

• **prix imposé** (art. L442-5) : c'est le **fait d'imposer un caractère minimal à un prix ou à une marge commerciale** (contravention). Cette interdiction vise toute personne et porte sur le prix d'un produit, d'un bien, d'une prestation de service, ou sur une marge commerciale.

• **revente à perte** (art. L442-2) : c'est le fait, pour **tout commerçant**, de revendre ou d'annoncer la **revente d'un produit en l'état à un prix inférieur à son prix d'achat effectif** (contravention).

Le prix d'achat effectif est le prix unitaire net figurant sur la facture d'achat, minoré du montant de l'ensemble des autres avantages financiers consentis par le vendeur exprimé en pourcentage du prix unitaire net du produit et majoré des taxes sur le chiffre d'affaires, des taxes spécifiques afférentes à cette revente et du prix du transport.

MÉMO

Mots clés : conditions de vente, délai de règlement, convention relative à la négociation commerciale entre un fournisseur et un distributeur, pratiques restrictives de concurrence, prix imposé, revente à perte.

La concurrence déloyale

FICHE 9

Les actes de concurrence déloyale :

- dénigrement
- imitation
- divulgation de secrets
- débauchage
- détournement de clientèle
- parasitisme

⇒ **Sanctions :**

- administration de la preuve par la victime, qui agit en justice
- condamnation par le juge : ex : cessation des actes

En l'absence de définition légale de la concurrence déloyale, les juges doivent décider, au vu des faits qui leur sont présentés, quels sont les comportements déloyaux.

I ▶ Les actes de concurrence déloyale

On distingue :

- **le dénigrement**, qui consiste à jeter le discrédit sur un concurrent, sur ses produits ou sur son travail ;
- **l'imitation** : il s'agit de créer la confusion avec un concurrent afin de détourner de lui sa clientèle. Elle peut porter sur l'enseigne ou le nom commercial ;
- **la divulgation de secrets** : les secrets doivent être originaux et confidentiels et il doit s'agir de procédés ayant un intérêt pratique ou commercial ;
- **le débauchage** : il y a recrutement du personnel d'une entreprise concurrente pour s'approprier son savoir-faire et sa clientèle (principe qui est admis), mais l'ancien employeur démontre qu'il a subi un préjudice ;
- **le détournement de clientèle** : il y a démarchage de clientèle au moyen d'un fichier d'adresses (de clients, de fournisseurs) détourné ;
- **le parasitisme** : quand une personne (le parasite) tire un avantage au détriment d'une autre dans la mesure où il profite des efforts faits par cette personne (ex : vente de produits semblables à ceux récemment mis sur le marché par un concurrent).

FICHE 9

II ► Sanction des actes de concurrence déloyale

La victime d'actes de concurrence déloyale doit prouver la **responsabilité civile délictuelle** de l'auteur des faits en prouvant :

- la faute : le concurrent attaqué doit avoir commis une faute ;
- le préjudice : ex : perte de clientèle ou de bénéfices, atteinte à la réputation ;
- le lien de causalité entre la faute et le préjudice.

L'action en concurrence déloyale doit être portée devant les juridictions de droit commun : tribunal de commerce, tribunal de grande instance ou conseil de prud'hommes.

Les litiges entre commerçants relèvent du tribunal de commerce. En revanche, dès que le litige porte sur la contrefaçon de marques ou de brevets, c'est le tribunal de grande instance (TGI) qui est compétent.

Les juges peuvent condamner l'auteur des actes de concurrence déloyale au versement de **dommages et intérêts**, à la **publication du jugement ou de l'arrêt** et à la **cessation des actes de concurrence déloyale**.

MÉMO

Mots clés : actes de concurrence déloyale, dénigrement, imitation, divulgation de secrets, débauchage, détournement de clientèle, parasitisme, responsabilité civile délictuelle.

L'entreprise et l'administration fiscale

L'entreprise a comme partenaire privilégié l'administration fiscale :
- **ce peut être un partenaire souhaité, et ce sera les cas à travers un certain nombre de demandes émanant des entreprises (agrément, rescrit) ;**
- **ce peut être un partenaire subi, à travers l'exercice par l'administration de son pouvoir de contrôle.**

FICHE 10

I ▶ Un partenaire choisi

A. Les agréments fiscaux

L'entreprise peut être conduite à solliciter l'administration fiscale dans le cadre de deux procédures distinctes : la **demande d'agrément** et la **demande de rescrit**.

L'agrément peut-être défini comme une convention passée avec l'Etat. Il repose en principe sur le dépôt d'une demande préalable qui est adressé à l'autorité compétente pour délivrer l'agrément.

1. Formalisme de l'agrément

L'administration compétente accuse réception de l'agrément, qui doit préciser l'identité du demandeur, la nature de l'opération projetée et l'avantage fiscal escompté.

C'est le plus souvent le ministre du budget qui délivre l'agrément, où ses collaborateurs (directeur départemental des finances publiques).

Lorsqu'elle est défavorable, la décision de l'administration peut faire l'objet d'un recours pour excès de pouvoir devant le juge administratif.

2. Nature de l'agrément

Il existe deux grandes catégories d'agrément :

- les agréments accordés **de droit**, qui n'ont pour seul objet pour l'administration que de s'assurer que les conditions requises pour la faisabilité de l'opération sont remplies : si cet agrément est refusé, le refus doit être motivé ;
- les agréments **discrétionnaires**, où l'administration dispose de la possibilité d'opposer un refus sans avoir à le motiver.

3. Les principaux agréments

Il en existe de nombreux. Citons parmi les plus significatifs :

- en matière de **restructuration d'entreprises** : les agréments financiers ; transfert des déficits antérieurs à une fusion, apports-fusions à des sociétés étrangères, par exemple) ;

– dans le cadre de la **politique d'aménagement du territoire** : les agréments de l'exonération de la contribution économique territoriale (CET) ;
– en matière de **protection du patrimoine** : dons d'œuvres d'art et remises d'immeubles à l'État, exonération de droits de mutation pour les monuments historiques, charges des immeubles faisant partie du patrimoine national ;
– **développement économique de l'outre mer**, pour des exonérations d'impôts sur les sociétés notamment.

4. La fin de l'agrément

Le maintien de l'agrément est conditionné au respect des engagements pris par les bénéficiaires : à défaut, l'agrément est retiré et les avantages fiscaux accordés initialement sont remis en cause. L'administration doit **motiver** sa décision de retrait et offrir au contribuable la possibilité de présenter ses observations, mais aucune prescription ne lui est opposable en cas de remise en cause des avantages fiscaux liés à l'agrément.

B. Le rescrit

1. Définition et champ d'application

Le choix fiscal étant un exercice souvent difficile, il peut être judicieux de demander à l'administration son avis avant de réaliser l'opération.

D'autant que l'administration va s'engager par écrit et ainsi apporter une garantie substantielle au contribuable : lorsque l'administration a pris formellement position sur une situation de fait au regard d'un texte fiscal, elle ne pourra plus pratiquer des rectifications ultérieures qui seraient fondées sur une appréciation différente de la situation.

Mais cette garantie suppose que les énonciations du contribuable soient sincères, explicites, claires, et que la situation que l'administration va examiner, par exemple lors d'un contrôle, soit rigoureusement identique à celle qui a généré le rescrit.

Tout bénéficiaire de rescrit peut solliciter un second examen de sa demande dans les deux mois de la réponse au premier rescrit, à condition de n'apporter aucun élément nouveau. Ce second examen est effectué par une instance collégiale, et il est définitif.

Le **rescrit** peut être **explicite**, mais il peut aussi être **tacite**. Ainsi est-il prévu qu'à défaut de réponse dans un certain délai (variable selon les cas) l'administration soit considérée comme approuvant l'opération, traduction de l'adage populaire : « qui ne dit mot consent ».

2. Les différents rescrits

▶ **Le rescrit-valeur**

Il existe en matière de donation d'entreprise un rescrit portant sur la valeur des entreprises ou des titres de sociétés non cotées qui font l'objet d'une donation. Il n'est pas rare que l'administration conteste la **valeur** de ces biens pour demander au donataire un complément de droits d'enregistrement. L'administration a dans ce cas six mois pour se prononcer et le contribuable trois mois pour transmettre ses biens à compter de l'accord exprès qui lui est donné (art. L 18 du livre des procédures fiscales).

Il est également possible de demander à l'administration d'effectuer le contrôle d'un acte de donation ou d'une déclaration de succession dans les 12 mois de cette demande. Le délai de reprise est dans ce cas limité à un an à compter de la date de réception de la demande. Ce rescrit donation et succession comporte des restrictions, notamment en cas d'omission de biens dans la déclaration de donation ou de succession. Il doit être sollicité par au moins un tiers de bénéficiaires de l'actif net transmis.

▸ Le rescrit sur les prix de transfert ou accord préalable sur la méthode de détermination des prix de transfert

Il permet d'obtenir l'aval de l'administration quant à la politique de prix pratiquée au sein d'un groupe lorsque des opérations sont réalisées entre **société liées**, et que les échanges ont lieu entre sociétés françaises et étrangères.

▸ Le rescrit sur l'abus de droit

« La chance sourit aux audacieux » sauf qu'en matière fiscale, audace peut rimer avec menace. L'administration fiscale, à travers la procédure de répression des **abus de droit**, peut sanctionner les contribuables qui réalisent des opérations fictives ou des opérations dont la seule finalité est d'atténuer au maximum la charge fiscale. Afin de se prémunir contre un risque lourdement sanctionné (l'abus de droit est notamment sanctionné par une amende de 80 % des rappels d'impôts effectués pour l'initiateur principal ou le principal bénéficiaire des actes abusifs, ou à défaut 40 %), le contribuable peut interroger les services de Bercy sur la validité de l'opération qu'il entend réaliser. Une réponse positive l'absout et à défaut de réponse dans les six mois, le résultat est identique : le contribuable peut réaliser son opération fiscale sans risque particulier.

▸ Le rescrit vérification de comptabilité

Les contribuables qui font l'objet d'une vérification de comptabilité peuvent demander au vérificateur une prise de position formelle sur des points de droit ou des faits pour lesquels aucune rectification n'est envisagée.

FICHE 10

Divers exemples de rescrit (avec accord tacite si défaut de réponse) :

Opérations concernées	Délai de réponse de l'administration (à défaut, accord tacite)
Organisme habilité à recevoir des dons ouvrant droit à avantage fiscal et délivrance de reçu aux donateurs	6 mois
Amortissements exceptionnels	3 mois
Exonération d'impôt sur les bénéfices en faveur des entreprises nouvelles créées dans certaines zones du territoire Exonération d'impôt sur les bénéfices pour les entreprises implantées en zone franche urbaine (ZFU)	
Crédit d'impôt pour dépenses de recherche	
Allégements d'impôt en faveur des jeunes entreprises innovantes ainsi que des entreprises implantées dans les pôles de compétitivité	
Notion d'établissement stable ou de base fixe en France au sens de la convention fiscale applicable	
Qualification de certaines activités professionnelles des travailleurs indépendants au regard de l'IR (BIC, BNC, BA) et détermination de l'impôt applicable aux sociétés civiles (IR ou IS)	
Société civile qui interroge l'Administration sur la fiscalité applicable à son activité	

Conseils

Bien distinguer entre agrément de droit et agrément discrétionnaire.
Appréhender les différentes formes de rescrit, et savoir que le rescrit est une technique qui tend à se développer, l'administration souhaitant avoir un droit de regard en amont sur les opérations fiscales projetées par l'entreprise.

MÉMO

Agrément	De droit ou discrétionnaire
Rescrit	Explicite ou tacite : rescrit valeur, sur prix de transfert, sur l'abus de droit

II ▶ Un partenaire subi

Contrepartie du système déclaratif, l'administration dispose du pouvoir de **contrôler** l'entreprise. Elle tient ce pouvoir de la loi et elle l'exerce au sein d'un corpus de règles qui lui confèrent des **droits** mais aussi des **obligations**.

A. Délais de reprise et exercice du droit de contrôle

Il ne saurait y avoir de sécurité juridique pour les entreprises si ces dernières pouvaient être vérifiées par l'administration fiscale sans que des règles très précises existent en matière de délais.

Le délai d'action de l'administration est réglementé par le **délai de reprise** ou de **prescription**, au-delà duquel elle ne pourra plus procéder à aucune rectification.

Il existe un délai général de trois ans (prescription abrégée) et un délai de six ans en droits d'enregistrement notamment (prescription allongée). Un délai de reprise de 10 ans est prévu en cas d'activités occultes ou de flagrance fiscale ou à défaut de déclaration de comptes à l'étranger.

Le délai de reprise ne doit pas être confondu avec le délai de contrôle. Le premier offre la possibilité à l'administration d'opérer des rectifications, alors que le second correspond à la période que l'administration peut examiner dans le cadre de son droit de contrôle, et qui peut être supérieure à trois ans si l'entreprise dispose, par exemple, de reports déficitaires.

Exemple

Une société anonyme clôture tous ses exercices au 31 décembre. En 2015, l'administration pourra vérifier les résultats de ses exercices clos en 2012, 2013 et 2014. Il s'agit du délai de reprise. Mais si la société a déclaré en 2010 et 2011 un déficit fiscal imputable sur le bénéfice fiscal de 2012, l'administration pourra s'assurer du bien fondé de ce déficit, mais sans procéder à aucun redressement puisque ces exercices sont prescrits : elle corrigera le résultat du premier exercice non prescrit, soit 2012 : il s'agit du droit de contrôle.

1. Délais de reprise

▶ Impôt sur le revenu et impôt sur les sociétés

Le délai de reprise de l'administration s'achève au terme de la troisième année qui suit celle où l'impôt est dû. Ainsi, pour un impôt payé en 2015 sur un revenu déclaré en 2014, l'administration pourra effectuer un redressement jusqu'au 31 décembre 2017.

Dans des cas limités, ce délai de reprise expire le 31 décembre de la dixième année qui suit. Tel sera le cas si le contribuable exerce une activité professionnelle non déclarée, où si un procès-verbal de flagrance fiscale a été établi par l'administration (ou s'il exerce une activité illicite).

Enfin, il existe des délais de reprise spéciaux notamment en cas de succession ou donation, de recours à l'assistance administrative internationale ou encore d'agissements frauduleux du contribuable. Le délai de reprise de 10 ans est également applicable lorsque le contribuable n'a pas respecté ses obligations déclaratives pour des structures établies dans des paradis fiscaux pour des comptes détenus à l'étranger, des contrats d'assurance-vie ou des trusts.

▶ Autres impôts

Pour la **TVA** et taxes assimilées, deux situations sont à envisager :

- l'exercice comptable coïncide avec l'année civile : le **délai de reprise** expire au 31 décembre de la 3e année qui suit celle où la TVA est devenue exigible ;
- l'exercice comptable ne coïncide pas avec l'année civile : le point de départ du délai de reprise est identique à celui s'appliquant pour l'impôt sur les bénéfices (confère *supra*) et se termine le 31 décembre du troisième exercice qui suit l'exercice de clôture.

Ainsi, pour un exercice 2013/2014, l'administration peut exercer son droit de reprise jusqu'au 31 décembre 2017.

FICHE 10

Il existe là encore des délais spéciaux pour répondre à des situations exceptionnelles.

S'agissant des **impôts locaux** (taxe foncière et CFE), le délai de reprise expire le 31 décembre de l'année qui suit (il est donc très court), sauf pour la CVAE où il se termine le 31 décembre de l'année N+3. Pour la CVAE de 2014, l'administration pourra corriger l'imposition jusqu'au 31 décembre 2017).

Enfin, en matière de **droits d'enregistrement et d'impôt de solidarité sur la fortune (ISF)**, la prescription de l'action de l'administration pourra etre abrégée (3 ans) si une déclaration est souscrite par le contribuable, où allongée (6 ans) si aucune déclaration n'est souscrite, ou si la déclaration souscrite est incomplète et qu'elle nécessite pour l'administration des recherches extérieures.

2. L'interruption de la prescription

Certains actes de l'administration vont avoir pour effet d'interrompre la prescription, c'est-à-dire de stopper le compteur temporel qui défile et qui rapproche l'administration fiscale du moment où elle ne pourra plus corriger l'imposition.

L'un de ces actes les plus significatifs est l'envoi au contribuable d'une proposition de rectification. Si ce dernier la reçoit avant l'expiration du délai de reprise, elle interrompt la prescription, mais dans la limite des corrections que l'administration a effectuées. De ce fait, l'administration dispose du même délai pour recouvrer l'impôt.

Exemple

Une entreprise est imposable à l'impôt sur les sociétés et elle est vérifiée en 2015. L'administration pourra contrôler les résultats des exercices clos en 2012, 2013 et 2014. Imaginons toujours que l'impôt sur les sociétés est rehaussé en 2012 de 20 000 € et que l'information soit communiquée au chef d'entreprise dans une proposition de rectification adressée en 2015 : un nouveau délai de 3 ans est ouvert à l'administration pour mettre en recouvrement le rappel d'impôt de 2012, soit jusqu'au 31 décembre 2018.

Enfin, certains actes portant reconnaissance des contribuables sont de nature à interrompre la prescription (par exemple, une dette de TVA portée en comptabilité si elle est suffisamment précise).

B. L'exercice du contrôle par l'administration

1. Les préalables au contrôle : le droit de communication

Afin de préparer un contrôle, ou simplement pour conforter des informations obtenues en cours de contrôle, l'administration peut faire usage de son **droit de communication** auprès de personnes ou organismes désignés par la loi. Ce droit est exercé pour l'établissement de l'assiette, le contrôle et le recouvrement des impôts.

Il s'agit principalement des commerçants, des professionnels libéraux, des organismes de sécurité sociale, des tribunaux, des administrations publiques, des banques, etc. Afin de lutter contre la fraude sur Internet, l'administration peut demander des informations sur des personnes non identifiées (cas des « pseudos »).

Le droit de communication est très étendu et il peut s'exercer désormais auprès des artisans, des casinos et cercles de jeux, des bijoutiers et revendeurs de biens d'occasion (brocanteurs, par exemple), des concepteurs et éditeurs de logiciels de comptabilité ou de systèmes de caisse, des opérateurs de communications électroniques.

Les particuliers peuvent recevoir des demandes d'information, mais ils ne sont pas légalement tenus de répondre.

Le droit de communication, qui est exercé à l'initiative de l'administration, peut s'exercer soit par l'envoi d'une demande écrite, soit par une visite sur place qui n'a pas à être formalisée. Mais dans ce cas, les agents du fisc qui consultent des documents dans l'entreprise adressent préalablement à cette dernière un avis de passage. L'administration fiscale dispose également d'un droit de communication auprès des opérateurs de l'Internet afin de lutter contre les activités commerciales occultes ou partiellement déclarées. Le droit de communication peut s'exercer également par voie électronique (courriel). Il vise tous les documents relatifs à l'activité professionnelle d'une personne exerçant une activité commerciale, et pas uniquement les livres, registres ou rapports comptables dont la loi rend la tenue obligatoire.

L'amende applicable en cas de refus de communication est de 5 000 € à compter du 1er janvier 2015.

2. Les contrôles des déclarations fiscales

Le contrôle fiscal revêt des formes multiples. On distingue habituellement le contrôle formel, purement arithmétique, sur pièces, où contrôle du bureau, qui concerne tous les contribuables, du contrôle sur place, ou contrôle externe, qui concerne les entreprises et qui nécessite un examen sur place de la comptabilité de l'entreprise. Il existe également une procédure lourde d'**examen de situation fiscale personnelle** (E.S.F.P) qui concerne les personnes physiques pour lesquelles l'administration soupçonne des dissimulations de revenus.

Les contrôles externes sont diligentés par des agents de la direction générale des finances publiques qui ont le grade d'inspecteur ou de contrôleur, avec une compétence géographique qui diffère selon la direction à laquelle ils sont rattachés (nationale voire internationale, interrégionale, départementale).

3. Le contrôle sur demande

« Vérifiez-moi, je vous en prie ! » Le contrôle de l'entreprise, sur certains points, peut, aussi étrange que cela puisse paraître, être souhaité par le chef d'entreprise. Ce contrôle est réservé à de petites entreprises, et l'administration n'est pas tenue d'y donner une suite favorable. Si elle accepte la demande du contribuable, elle l'informera des résultats du contrôle. Et si elle détecte des erreurs, le contribuable qui devra être de bonne foi pourra obtenir une réduction de 30 % des pénalités à condition qu'il régularise lui-même ces erreurs. Cette procédure est peu utilisée.

FICHE 10

4. **Le droit d'enquête**

Il s'agit d'un contrôle inopiné à la facturation en matière de TVA, qui n'a pas le caractère d'une vérification de comptabilité. Les agents de l'administration vérifient que les nombreuses conditions de forme en matière de TVA sont remplies, et ils établissent à l'issue du droit d'enquête un procès-verbal d'audition. Il est rare que cette procédure ne soit pas suivie d'une vérification de comptabilité.

5. **La procédure de visite et de saisie**

Lorsque l'administration pressent une fraude significative et caractérisée, elle peut, sous le contrôle du juge et en la présence d'agents habilités à effectuer des enquêtes judiciaires, procéder à une **perquisition** au domicile d'un contribuable ou dans les locaux d'une entreprise et **saisir** des documents. Cette procédure, lourde et contraignante pour le contribuable, est très réglementée. Elle est clôturée par un procès-verbal qui relate le déroulement des opérations et une copie est remise au contribuable. L'ordonnance d'autorisation de visite, qui émane du juge des libertés et de la détention, peut être frappée d'appel dans les 15 jours de sa signification ou de sa notification au contribuable.

Un accès renforcé aux documents présents sur support informatique a été mis en place : le matériel (ordinateurs, par exemple) peut être saisi et placé sous scellés.

La procédure de **flagrance fiscale** complète ce dispositif. Elle s'applique pour des opérations de fraude spécifiquement visées par la loi (travail clandestin, factures non comptabilisées, activité occulte fraude « carrousel » en TVA,...) : il s'agit en quelque sorte d'un flagrant délit fiscal. Le comptable public peut procéder à des saisies conservatoires afin d'éviter la perte de la matière imposable.

Les amendes applicables s'élèvent de 5 000 € à 30 000 €, selon la gravité de l'infraction.

6. **Lutte contre les activités illicites**

Une présomption de revenus est instituée pour les personnes se livrant à un trafic illicite de biens portant notamment atteinte à l'ordre public (trafics de stupéfiants, trafics d'armes, fausse monnaie, etc.). L'administration est informée dans le cadre de son droit de communication auprès de l'autorité judiciaire. Les personnes se livrant à ces trafics sont présumées avoir perçu un revenu imposable égal à la valeur des biens objets du trafic ou des sommes perçues en contrepartie.

C. Les garanties offertes aux contribuables dans les procédures de contrôle

Ces garanties sont nombreuses, et elles ont été renforcées au cours de ces dernières années. Elles s'appliquent en **amont** de la procédure de contrôle, **pendant** et **après** le contrôle.

1. **Les garanties applicables avant le contrôle**

Toute vérification, qu'elle soit personnelle (ESFP) ou de comptabilité doit être précédée de l'envoi d'un **avis de vérification**, qui informe le contribuable du jour et de l'heure du contrôle, de la période contrôlée et de l'identité du fonctionnaire qui procédera au contrôle.

Il est indiqué que le contrôlé a la possibilité de se faire assister par un conseil de son choix. Cet avis est adressé une dizaine de jours avant la première intervention de l'administration, bien qu'un délai de 48 heures ait toutefois été jugé suffisant.

Enfin, l'avis de vérification est accompagné d'une charte du contribuable vérifié, véritable « mode d'emploi » de la vérification. Les dispositions de la charte sont opposables à l'administration.

2. Les garanties pendant le contrôle

Le contrôle, lorsqu'il s'agit d'une vérification de comptabilité, doit s'exercer sur place. Ce n'est qu'à titre très exceptionnel qu'il peut se dérouler en dehors des locaux de l'entreprise, et le chef d'entreprise doit, dans ce cas, le demander expressément.

Les petites entreprises voient la durée de présence de l'administration dans leurs locaux réduite à **trois mois** : il s'agit des entreprises dont le chiffre d'affaires hors taxes n'excède pas 783 000 € pour les activités de vente et de fourniture de logement ; 236 000 € pour les activités de services ; et 350 000 € pour les activités agricoles.

Pour l'examen de situation fiscale personnelle, le délai de contrôle ne peut en principe excéder un an.

La procédure suivie pendant le contrôle est normalement la **procédure contradictoire**, qui repose sur un dialogue entre le contribuable et l'administration. La vérification est clôturée par une séance de synthèse où les deux parties en présence exposent leurs points de vue. Mais dans certains cas organisés par la loi, la procédure peut être unilatérale : il s'agit de la procédure **d'imposition d'office**, applicable notamment en cas d'opposition à contrôle ou en cas de défaut de déclaration.

Le contrôle des comptabilités informatisées présente certaines spécificités. Lors de la première intervention sur place, une copie du fichier des écritures comptables (FEC) est remise au vérificateur, sous forme dématérialisée, générée à partir d'une exportation depuis le logiciel comptable de l'entreprise. Ce fichier rassemble des données issues de plusieurs journaux de saisie ; il se compose de 18 à 22 champs qui doivent être présentés dans l'ordre prévu et selon un codage très précis (format de date, caractères, cadre, etc.). Cette modalité auparavant facultative de présentation de la comptabilité est obligatoire depuis le 1er janvier 2014 et concerne l'ensemble des contribuables tenant leur comptabilité au moyen d'un logiciel comptable. À défaut, une amende de 5 000 € est appliquée ou, en cas de rectification **et** si le montant est plus élevé, à 10 % des droits mis à la charge du contribuable (sanctions applicables pour les avis de vérification adressés depuis le 10 août 2014 ; auparavant : 1 500 €). De plus, le non-respect de l'obligation caractérise une opposition à contrôle fiscal autorisant l'administration à procéder à l'évaluation d'office des bases d'imposition.

Si l'administration effectue des traitements informatiques, elle doit demander au contribuable de lui indiquer son choix entre différentes techniques d'investigations.

Enfin, l'administration a désormais accès à la comptabilité analytique et aux comptes consolidés lorsqu'elle vérifie les comptes des grandes entreprises (CAHT > 152,4 M€ pour les ventes et fourniture de logement de 76,2 M€ pour les services) ou lorsque le total de l'actif brut > 400 M€ à la clôture de l'exercice. En cas de refus, une amende de 20 000 € est applicable. Ces dernières mesures visent à faciliter le contrôle des prix de transfert.

3. Les garanties après le contrôle

Le contrôle s'achève soit par l'envoi d'une **proposition de rectification**, soit par l'envoi d'un **avis d'absence de rectification**. Les **rectifications** éventuellement effectuées par l'administration doivent être **motivées**, c'est-à-dire que le destinataire de la proposition de rectification doit être en mesure de comprendre ce qui lui est reproché. Si le contribuable ne répond pas, l'administration considère qu'il a tacitement accepté les rectifications, et la procédure est close. S'il accepte expressément les rectifications proposées, la procédure est également terminée. Si, en revanche, il souhaite formuler des observations, le contribuable dispose d'un délai de trente jours pour répondre, ou, à sa demande, d'un délai de trente jours complémentaires, soit au total soixante jours.

En cas de contestation des rectifications, l'administration a l'obligation de **répondre** aux observations du contribuable. Ce n'est qu'à l'issue d'un nouveau délai de trente jours que l'administration pourra mettre en recouvrement les impositions issues du contrôle.

Pour les vérifications de comptabilité, une procédure dite de **« cascade »** (simple), qui s'applique de plein droit, permet de déduire les rappels d'impôts effectués des bases d'autres impôts également vérifiés.

Une « **cascade** complète », qui est applicable sur demande expresse du contribuable, est envisageable si des rectifications entraînent des distributions de bénéfices. Il s'agira d'un désinvestissement de bénéfice de l'entreprise qui sera analysé comme ayant bénéficié irrégulièrement à un tiers ou à un associé, avec comme conséquence, s'il s'agit d'une personne physique, une imposition de ce revenu distribué dans la catégorie des RCM, sans abattement et avec une majoration de 25%.

La société peut alors demander que le montant de l'impôt sur le revenu dû par le bénéficiaire en raison de cette distribution soit calculé sous déduction du montant de l'IS et de la TVA notifiés à la société.

Il existe toutefois de nouveaux recours que l'on qualifie de précontentieux, et auquel le contribuable choisit ou non de recourir :

- saisine de **l'inspecteur principal**, qui est le supérieur hiérarchique direct du vérificateur ;
- saisine de **l'interlocuteur départemental**, qui est en principe un directeur et qui peut « débloquer » une situation conflictuelle ;
- saisine de la **commission départementale** des impôts directs et des taxes sur le chiffre d'affaires (CID-TCA) où de la commission départementale de conciliation.

Mais les recours ne s'arrêtent pas à ce stade. Le contribuable en désaccord avec les résultats du contrôle pourra effectuer une **réclamation préalable** (voir *infra*) devant le directeur en charge de son dossier. Elle n'a malheureusement souvent que peu d'effet, l'administration n'acceptant que rarement de se désavouer.

Enfin, l'administration ne pourra pas vérifier à nouveau le contribuable pour la même période et les mêmes impôts, sauf si ce dernier a dissimulé des informations.

4. Les garanties « transversales »

Elles couvrent l'ensemble de la procédure. Tel est le cas par exemple de l'assistance par un **conseil** du choix du contribuable, qui intervient à tous les stades de la procédure.

C'est également le cas de la garantie contre les **changements de doctrine** (Art. L 80 A du LPF). Ainsi, l'administration ne peut procéder à des rehaussements qui viendraient contredire sa doctrine applicable au moment où lesdits rehaussements sont effectués. Il faut entendre par doctrine **les textes** (circulaires, instructions) qui constituent le corpus de règles à portée générale qui expliquent et complètent les textes légaux, les projets d'instruction accessibles sur le site Internet www.impots.gouv.fr mais également les **décisions individuelles** (abandon de redressement, par exemple) et les réponses ministérielles aux questions écrites des parlementaires.

De la même façon, lorsque l'administration a pris position formellement sur une situation de fait au regard d'un texte fiscal, elle ne peut modifier sa position que pour l'avenir (procédures d'agréments ou de rescrits, *supra*).

Le non-respect de certaines garanties substantielles (assistance d'un conseil, débat oral et contradictoire, durée de contrôle pour les petites entreprises, non-renouvellement d'une vérification de comptabilité sur les mêmes périodes et les mêmes impôts...) entraîne la nullité du contrôle et la décharge des impositions.

Conseils

Distinguer les garanties avant, pendant et après le contrôle. La vérification d'une personne (ESFP), et *a fortiori* d'une entreprise (vérification de comptabilité) sont des procédures très encadrées : l'administration doit agir dans le respect des droits du contribuable.

D. Le contentieux de l'impôt

Si l'administration et le contribuable arrivent à ce stade de la procédure, c'est qu'ils n'auront pas réussi à concilier leurs points de vue.

Il est possible de distinguer **deux phases** : le recours **contentieux** et le recours **gracieux**.

1. Le recours contentieux

▶ La réclamation préalable

Ce recours contentieux passe obligatoirement par l'établissement d'une réclamation préalable (confère *supra*). Cette réclamation doit être adressée par écrit au service de la DGFip dans un délai de deux ans à compter de la date de mise en recouvrement de l'impôt. Il existe des délais spéciaux, notamment en matière d'impôts locaux et pour les impôts recouvrés suite à vérification : le délai de réclamation intervient dans ce dernier cas à l'expiration de la troisième année suivant celle de la proposition de rectification. Le contribuable peut demander dans sa réclamation le **sursis de paiement**, qui porte désormais aussi bien sur le principal de l'impôt que sur les pénalités y afférentes, mais il devra le plus souvent dans ce cas constituer des garanties.

L'administration dispose en principe de **six mois** pour se prononcer sur la demande du contribuable, et au maximum de neuf mois : à défaut de réponse dans ce délai, il y a décision implicite de **rejet**.

FICHE 10

▶ Le recours devant le tribunal administratif

A compter de la date de rejet (explicite), le contribuable dispose d'un délai de deux mois pour saisir le juge. S'il s'agit d'impôts directs et de taxes sur le chiffre d'affaires, le juge compétent sera le juge administratif.

La justice administrative comprend trois degrés de juridiction :

- le tribunal administratif, compétent en première instance ;
- la cour administrative d'appel, en second lieu ;
- puis le Conseil d'État, juge de cassation.

Ces deux derniers recours n'ont pas d'effet suspensif.

▶ Le recours devant le juge judiciaire

Moins fréquent, il concerne essentiellement les droits d'enregistrement, les droits de timbre et les poursuites pour fraude fiscale. Le délai de recours est également de deux mois. Il s'exercera éventuellement devant :

- le tribunal de grande instance, compétent en premier lieu ;
- la cour d'appel ;
- la Cour de cassation.

Ces deux derniers recours n'ont pas d'effet suspensif.

▶ Le contentieux européen

Le droit fiscal s'européanise : c'est très vrai en matière de TVA, un peu moins pour les impôts directs, même si une assiette commune consolidée pour l'impôt des sociétés est à l'étude. Les règles fiscales communautaires peuvent être invoquées devant les tribunaux européens de Luxembourg lorsque le contribuable n'aura pas eu gain de cause devant la juridiction nationale : Tribunal de première instance et Cour de justice de l'Union européenne (CJUE).

2. Le recours gracieux

Il s'agit d'obtenir la **bienveillance** de l'administration, en cas de gêne ou d'indigence. Le contribuable va demander la **remise** ou la **modération** d'impositions ou de pénalités.

S'agissant des pénalités, le recours peut être effectué pour tous les impôts. Mais pour l'impôt au principal, le gracieux n'est possible que pour les impôts directs. A défaut de réponse dans les quatre mois suivant la demande, le rejet est tacite.

Ce rejet peut faire l'objet d'un recours pour excès de pouvoir.

MÉMO

Délai de reprise et droit de contrôle	Deux notions distinctes : le délai de reprise diffère selon les impôts (TVA, IS, IR, impôts locaux, droits d'enregistrement...
Interruption de la prescription	Par certains actes de l'administration, où par certains actes portant reconnaissance des contribuables.
Les différentes formes de contrôle	Formel, sur pièces, sur place, ESFP Un contrôle sur demande peut être demandé par le contribuable
Les procédures hors contrôle	Droit d'enquête, procédure de visite et de saisie.
Garanties des contribuables	Envoi d'un avis de vérification, assistance par un conseil, délai de 3 mois pour les petites entreprises, envoi d'une proposition de rectification, obligation pour l'administration de répondre aux observations du contribuable. Possibilité de recours précontentieux (inspecteur principal, interlocuteur départemental...)
Le contentieux et le gracieux	Possibilité pour le contribuable de s'adresser au juge administratif ou judiciaire après avoir déposé une réclamation préalable devant l'administration. Possibilité de recours gracieux en cas de gène ou d'indigence, pour les impôts directs et les pénalités.

Les obligations de communication des entreprises en matière d'environnement

Sources des obligations		Domaines des obligations
Normes internationales ISO	Norme ISO 14001:2004	Structuration d'une démarche environnementale NB : l'application de la norme est facultative pour les entreprises Depuis 2004
Droit européen	Règlements	Système communautaire de management environnemental et d'audit (EMAS) Depuis 2001
		Écolabel européen Depuis 1992
	Directives	SEVESO II Depuis 1996 et 2003 notamment
		Système d'échange de quotas d'émission de gaz à effet de serre Depuis le 1er janvier 2005
		IPPC (Integrated Pollution Prevention and Control) Depuis 1996
	Règlement et directive	REACH (Registration, Evaluation and Autorisation of Chemicals) Depuis le 1er juin 2007
Droit national	Code de l'environnement	ICPE (Installation Classée pour la Protection de l'Environnement) Depuis la loi du 19 juillet 1976 INB (Installations nucléaires de base) Depuis la loi du 13 juin 2006
	AMF	Données environnementales dans prospectus Depuis 2003 notamment
	Code de commerce	Reporting social et environnemental Depuis 2005
		Marque NF Environnement Depuis 1991
Droit comptable	Normes comptables IFRS-IAS	Provisions pour risque environnemental Depuis 2005, notamment

I ▶ La norme ISO 14001:2004

A. Caractéristiques essentielles

La norme ISO 14001:2004 définit les exigences relatives à un **système de management environnemental (SME)**.

Un SME qui répond à ces exigences est un outil de management qui permet à une organisation de tout type et de toute taille d'identifier, de maîtriser l'impact environnemental de ses activités, produits ou services, d'améliorer en permanence sa performance environnementale, et enfin de mettre en œuvre une approche systématique pour définir des objectifs et cibles environnementaux, les atteindre et démontrer qu'ils ont été atteints.

Elle établit une **référence commune** pour la communication sur les questions de management environnemental entre les organismes, leurs clients, les organismes de réglementation, le public et les autres parties prenantes. Pour satisfaire aux exigences de la norme, l'entreprise doit apporter les **preuves** objectives, pouvant être soumise à un audit, que le système de management environnemental qu'elle a mis en place fonctionne efficacement et en conformité à la norme.

B. Objectifs de la norme

▶ Sur le plan interne

- donner à la direction de l'entreprise une **assurance** qu'elle maîtrise les processus et les activités organisationnels ayant un impact sur l'environnement ;
- donner aux salariés de l'entreprise une assurance qu'ils travaillent pour une organisation responsable vis-à-vis de l'environnement.

▶ Sur le plan externe

- donner une assurance sur les questions environnementales aux parties prenantes extérieures (clients, collectivité, organismes de réglementation...) ;
- se conformer à la réglementation en matière d'environnement.

II ▶ Droit européen

A. Le Système communautaire de management environnemental et d'audit (EMAS)

L'objectif est de promouvoir l'amélioration des résultats environnementaux des organisations de tous les secteurs d'activité, notamment par :

- l'information du public et des autres parties intéressées ;
- la réalisation régulière d'un audit environnemental et d'une déclaration environnementale (incluant la description de l'entreprise, de sa politique environnementale...), l'enregistrement de cette déclaration auprès de l'autorité compétente et sa mise à la disposition du public.

B. SEVESO II

▶ Caractéristiques essentielles des directives SEVESO II

Les directives SEVESO ont pour objectif de prévenir les accidents majeurs impliquant des substances dangereuses et de limiter leurs conséquences pour l'homme et pour l'environnement.

Elles s'appliquent à tout établissement ou un certain nombre de substances dangereuses sont présentes ou susceptibles d'être produites en cas d'accident, dans des quantités précisées par la directive.

FICHE 11

▶ Obligations des entreprises

• Obligation de **notification**, qui comprend notamment des informations permettant d'identifier les substances dangereuses, la quantité et la forme physique de la ou des substances dangereuses en cause et l'environnement de l'établissement.

• Présentation d'un **rapport de sécurité** (révisé au moins tous les 5 ans) pour démontrer en particulier qu'une politique de prévention des accidents majeurs et qu'un système de gestion de la sécurité sont mis en œuvre, et aussi que les dangers d'accidents majeurs ont été identifiés. Ce rapport contient aussi l'inventaire à jour des substances dangereuses présentes dans l'établissement.

• Élaboration d'un **plan d'urgence interne** quand un rapport de sécurité a été établi.

• **Après un accident majeur** : l'entreprise concernée doit informer l'autorité compétente, lui communiquer les circonstances de l'accident, l'informer des mesures envisagées pour pallier les effets de l'accident.

▶ La nouvelle directive 2012/18/UE du 4 juillet 2012 dite directive Seveso III

Relative aux accidents majeurs impliquant des substances dangereuses, elle remplacera d'ici le 1er juin 2015 la directive SEVESO II. Le but de ce texte est de prévenir et de mieux gérer les accidents majeurs impliquant des produits chimiques dangereux. La transposition de ces nouvelles dispositions dans la réglementation française devrait conduire à des modifications substantielles de la nomenclature des installations classées.

C. Système d'échange de quotas d'émission de gaz à effet de serre

▶ Installations concernées

Toute installation qui réalise l'une des activités suivantes : secteur de l'énergie, production et transformation des métaux ferreux, industrie minérale et fabrication de pâte à papier, de papier et de carton, et émettant les gaz à effet de serre spécifiés en relation avec cette activité.

▶ Obligations des exploitants

• **Posséder une autorisation** délivrée à cet effet par les autorités compétentes. La demande d'autorisation d'émettre des gaz à effet de serre doit décrire : l'installation, ses activités et les technologies utilisées, les matières employées pouvant émettre les gaz à effet de serre, les sources d'émission des gaz et les mesures prévues pour surveiller et déclarer les émissions.

Les autorités accordent l'autorisation si elles considèrent que l'exploitant de l'installation est en mesure de surveiller et de déclarer les émissions. Une autorisation peut concerner plusieurs installations exploitées sur le même site par le même exploitant. L'autorisation contient le nom et l'adresse de l'exploitant, la description des activités et des émissions de l'installation, la méthode et la périodicité de la surveillance, les exigences en matière de déclaration des émissions et l'obligation de restituer, au cours des quatre premiers mois de chaque année, les quotas correspondant aux émissions totales de l'année précédente.

• **Déclarer**, à la fin de l'année, à l'autorité compétente **les émissions de gaz à effet de serre** produites par l'installation pendant l'année. Ces déclarations respecteront les « lignes directrices pour la surveillance et la déclaration des émissions » que la Commission a adoptées à cet effet.

D. IPPC (Integrated Pollution Prevention and Control)

▶ Caractéristiques essentielles

L'objectif est d'imposer une approche globale de l'environnement pour la délivrance des autorisations des grandes installations industrielles les plus polluantes.

Il s'agit d'une approche intégrée de la prévention et de la réduction de la pollution. Cela consiste à prévenir les émissions dans l'air, l'eau, le sol, en prenant aussi en compte la gestion des déchets.

▶ Obligations des entreprises

Pour les installations qui entrent dans le champ d'application de la directive, l'entreprise doit obtenir une **autorisation unique** délivrée par le préfet, sur la base d'un dossier comprenant en particulier une étude d'impact et une étude de dangers.

L'étude d'impact réalisée par l'exploitant doit présenter la justification des choix technologiques, notamment par référence aux meilleures techniques disponibles.

À noter : pour les parties C et D exposées ci-dessus, la Directive 2010/75/UE du Parlement européen et du Conseil du 24 novembre 2010 relative aux émissions industrielles (prévention et réduction intégrées de la pollution) procède à la refonte des directives sur ces émissions. Cette directive doit être transposée progressivement par les États membres à partir de 2013.

E. REACH (Registration, Evaluation and Autorisation of Chemicals)

▶ Caractéristiques essentielles

REACH concerne **l'enregistrement, l'évaluation et l'autorisation des substances chimiques**, ainsi que les **restrictions** applicables à ces substances et institue une agence européenne des produits chimiques.

Les principaux objectifs de REACH sont notamment d'assurer un niveau élevé de protection de la santé humaine et de l'environnement contre les risques que peuvent poser les produits chimiques et la libre circulation des substances au sein du marché intérieur.

REACH fait porter à l'industrie la responsabilité d'évaluer et de gérer les risques posés par les produits chimiques et de fournir des informations de sécurité adéquates à leurs utilisateurs.

▶ Obligations des entreprises industrielles

• Les entreprises qui fabriquent et importent des substances chimiques doivent **évaluer les risques** résultant de leur utilisation et prendre les mesures nécessaires pour gérer tout risque identifié. La charge de la **preuve de la sécurité** des substances chimiques fabriquées ou commercialisées appartient à ces entreprises.

• L'**enregistrement** constitue l'élément fondamental du système REACH. Les substances chimiques fabriquées ou importées dans des quantités d'une tonne ou plus par an doivent être obligatoirement enregistrées dans une base de données centrale gérée par l'Agence européenne des produits chimiques.

• Les entreprises doivent fournir des informations relatives aux propriétés, aux utilisations et aux précautions d'emploi des substances chimiques (dossier technique). Les données requises sont proportionnées aux volumes de production et aux risques présentés par la substance.

• **Les données de sécurité doivent être transmises tout au long de la chaîne d'approvisionnement.** Elles concernent notamment l'identification, la composition et les propriétés des substances, les mesures à prendre pour une utilisation et un transport sans risque, les mesures en cas de dispersion accidentelle ou d'incendie, ainsi que les informations toxicologiques et écologiques.

• **Les utilisateurs en aval sont tenus d'évaluer la sécurité chimique des substances**, en se fondant tout d'abord sur l'information communiquée par leurs fournisseurs, et de prendre des mesures de gestion des risques appropriées.

L'évaluation permet à l'Agence de vérifier que l'industrie respecte ses obligations. Elle peut donner lieu aux conclusions suivantes : la substance doit être soumise aux procédures de restriction ou d'autorisation, ou bien la classification et l'étiquetage de la substance doivent être harmonisés, ou bien des informations doivent être fournies aux autres autorités afin de leur permettre d'adopter les mesures appropriées.

F. Écolabel européen

C'est un système d'homologation qui tient compte des impacts environnementaux sur l'ensemble du cycle de vie des produits ; l'objectif de l'écolabel est d'identifier les produits les plus performants d'un point de vue environnemental. Il porte sur les produits et les services.

III ▶ Droit national

A. ICPE (Installations Classées pour la Protection de l'Environnement)

▶ Définition d'une ICPE

Est considérée comme une **installation classée** tout dépôt, chantier et d'une manière générale, toute installation exploitée ou détenue par une personne physique ou morale, publique ou privée qui peut présenter des dangers ou des inconvénients pour la commodité du voisinage, la santé, la sécurité, la salubrité publiques, l'agriculture, la protection de la nature et de l'environnement et la conservation des sites et monuments.

▶ Obligations des entreprises

Les activités concernées sont définies par une **nomenclature** qui les classe sous le régime de déclaration, d'enregistrement ou d'autorisation en fonction de la gravité des dangers ou inconvénients qu'elles peuvent présenter.

- **Les ICPE soumises à déclaration ou Classe D**

Sont soumises à déclaration les installations qui ne présentent pas de graves dangers ou inconvénients mais qui doivent néanmoins respecter des prescriptions générales édictées par le préfet.

La déclaration doit être réalisée par l'exploitant avant la mise en service de l'installation auprès de la préfecture de département dans lequel celle-ci doit être implantée ou, pour Paris, auprès de la préfecture de police.

- **Les ICPE soumises à enregistrement ou classe E**

Seront soumises à enregistrement les installations qui présentent des dangers ou inconvénients graves, quand ces dangers et inconvénients peuvent, en principe, eu égard aux caractéristiques des installations et de leur impact potentiel, être prévenus par le respect de prescriptions générales édictées par le ministre chargé des installations classées.

Le demandeur doit transmettre sa demande d'enregistrement, avant la mise en service de l'exploitation, au préfet du département dans lequel l'installation doit être implantée.

- **Les ICPE soumises à autorisation ou Classe A**

Sont concernées les installations qui présentent de graves dangers ou inconvénients pour l'environnement. L'autorisation n'est délivrée que si les dangers et inconvénients peuvent être prévenus par des mesures spécifiées dans l'arrêté préfectoral d'autorisation.

La demande d'autorisation d'exploiter au préfet du département (ou à la préfecture de police pour Paris) dans lequel l'installation va être implantée doit être faite par l'exploitant. La procédure dure au minimum 8 mois et comprend notamment une enquête publique.

Ces ICPE ont en outre l'obligation de réaliser des contrôles périodiques et un bilan de fonctionnement décennal concernant les **rejets atmosphériques et aqueux**. Ces informations sont transmises aux services de l'État. Cette obligation découle de la directive IPPC.

- **Les ICPE soumises à autorisation et servitude d'utilité publique ou « Seveso »**

Ces installations sont d'une part soumises à **autorisation** (*cf.* paragraphe précédent), et d'autre part à une réglementation spécifique.

En effet, lorsque des demandes d'autorisation concernent une ICPE à implanter sur un site nouveau et susceptible de créer, par danger d'explosion ou d'émanation de produits nocifs, des risques très importants pour la santé ou la sécurité des populations voisines et pour l'environnement, un **plan de prévention des risques technologiques** (**PPRT**, en application de la loi du 30 juillet 2003) doit être établi. Ce plan est élaboré par les services de l'État sur la base d'une étude de dangers effectuée par l'entreprise exploitant le site.

B. INB (Installations Nucléaires de Base)

▶ Définition d'une INB

Est considérée comme une INB notamment un réacteur nucléaire, une installation du cycle de vie du combustible nucléaire (enrichissement, stockage…).

FICHE 11

► **Obligations des entreprises**

Elles doivent transmettre une demande d'autorisation de création au ministère chargé de l'énergie. L'**autorisation** est accordée par décret pris après enquête publique et avis de l'ASN (Autorité de sûreté nucléaire).

C. Données environnementales dans le prospectus de l'AMF

Dans le prospectus établi par une société qui demande son inscription sur un marché réglementé, figurent des « données environnementales » sur la société.

D. Reporting social et environnemental

Les sociétés dont les titres sont admis aux négociations sur un marché réglementé doivent donner, dans leur rapport annuel de gestion, des informations sur la manière dont elles prennent en compte les **conséquences environnementales de leur activité** (sur la consommation en eau, en énergie et en matières premières de la société, sur les rejets et déchets, sur ses démarches d'évaluation ou de certification en la matière et le montant des provisions et garanties pour les risques de pollution).

E. Marque NF Environnement

C'est une marque volontaire de certification écologique française. Elle distingue les produits dont l'impact sur l'environnement est réduit. Pour obtenir la marque, les produits doivent être conformes à des critères écologiques et d'aptitude à l'usage.

IV ► Droit comptable

L'objectif est de permettre aux actionnaires des sociétés d'appréhender les passifs environnementaux actuels et à venir. Les risques environnementaux doivent être anticipés dans le bilan sous forme de **provision pour risque environnemental**. L'annexe doit comporter toutes les informations qui sont significatives (montant de la provision à l'ouverture et à la clôture de l'exercice, dotations constituées au cours de l'exercice, montants utilisés pendant l'exercice et montants non utilisés et repris).

Les entreprises doivent ensuite communiquer sur leurs comptes annuels.

MÉMO

Mots clés : norme ISO 14001:2004, **système de management environnemental**, système communautaire de management environnemental et d'audit (EMAS), Écolabel européen, SEVESO II, notification, Système d'échange de quotas d'émission de gaz à effet de serre, autorisation, IPPC, REACH, substances chimiques, enregistrement, autorisation, PPRT, INB, prospectus AMF, Reporting social et environnemental, Marque NF Environnement, ICPE, installation classée, provisions pour risque environnemental.

Constitution des sociétés

La loi :

- **prévoit des règles de fond et de forme qui doivent être appliquées pour la constitution des sociétés ;**
- **sanctionne les irrégularités de la constitution ;**
- **définit des règles spécifiques en matière fiscale.**

I ▶ Règles de fond

Elles concernent les conditions relatives à la validité de tout contrat (article 1108 du Code civil) et les conditions concernant le contrat de société (article 1832 du Code civil).

A. Les conditions de validité relatives à la conclusion de tout contrat

- **consentement non vicié** (notamment : pas de dol) ;
- **objet licite** : l'objet social représente l'activité exercée. En fonction de la structure juridique choisie, la loi réglemente les activités qui peuvent être exercées (*ex* : pas d'activité bancaire dans les SARL, cette activité étant exercée dans le cadre des SA) ;
- **cause licite** : c'est le motif pour lequel les personnes créent une société ;
- **capacité** : les associés doivent avoir la capacité juridique requise par la loi ; cette capacité dépend de la forme juridique choisie (*ex* : capacité commerciale dans les SNC et pour les associés commandités, capacité civile dans les SARL, les SAS et les SA).

B. Les conditions relatives au contrat de société (ou statuts)

Article 1832 du Code civil

« La société est instituée par deux ou plusieurs personnes qui conviennent par un contrat d'affecter à une entreprise commune des biens ou leur industrie en vue de partager le bénéfice ou de profiter de l'économie qui pourra en résulter.

Elle peut être instituée, dans les cas prévus par la loi, par l'acte de volonté d'une seule personne.

Les associés s'engagent à contribuer aux pertes. »

▶ Les personnes qui s'associent et leur intention

Ce peuvent être des **personnes physiques** ou des **personnes morales**.

Nombre d'associés : minimum légal : 2 associés ; sauf 3 dans les SCA (1 commandité et 2 commanditaires), 7 dans les SA et un dans les EURL et les SASU. La loi impose un nombre maximal de 100 associés dans les SARL.

Les personnes doivent avoir l'**intention de s'associer** : c'est l'*affectio societatis*.

▶ Les apports

Pour être associé : il est obligatoire de faire un **apport.**

En contrepartie d'un apport en numéraire ou d'un apport en nature, les associés reçoivent des **droits sociaux** (parts sociales ou actions). La loi réglemente de manière spécifique l'apport d'un bien commun dans une société (notamment : l'époux qui apporte le bien doit en avertir son conjoint et cela doit être inscrit dans l'acte d'apport, et soit l'époux apporte seul le bien commun, soit ce sont les deux époux).

L'apport **en numéraire** (fonds...) et l'apport en nature (meubles, immeubles) sont possibles dans toutes les sociétés. Il est libéré en totalité lors de la constitution de la société ou en plusieurs fois (le plus souvent dans un délai de 5 ans).

L'apport **en nature** peut être effectué en propriété, en usufruit ou en jouissance. Il doit être libéré immédiatement. Un commissaire aux apports (CAA) doit évaluer l'apport en nature notamment dans les SA, les SCA, les SAS(U). Dans les SARL (et EURL), l'intervention du CAA est facultative si aucun apport n'a une valeur supérieure à 30 000 € et si la valeur totale des apports en nature n'excède pas la moitié du capital social.

Pour un apport **en industrie**, les associés ne reçoivent pas de droits sociaux, sauf dans les SARL et les SAS.

L'apport en industrie (compétences...) est interdit, en particulier dans les SA et pour les associés commanditaires dans les SCS et les SCA.

Sauf clause statutaire contraire, la part de l'apporteur en industrie dans les bénéfices et sa contribution aux pertes sont égales à celles de l'associé qui a le moins apporté par ailleurs.

Les SA et les SCA peuvent faire **offre au public** de leurs titres.

L'ensemble des apports constitue le **capital social**. Pour les SA et les SCA, la loi impose un montant minimal de 37 000 €.

Le capital social correspond au **droit de gage général des créanciers** ; il n'est pas variable (exception : *ex* : sociétés coopératives).

▶ Le but des personnes qui s'associent

Il s'agit soit de réaliser et de partager un **bénéfice**, soit de réaliser et de partager des **économies**.

▶ L'engagement à contribuer aux pertes

Chaque associé participe aux pertes proportionnellement au montant de son apport.

Les clauses léonines sont réputées non écrites.

En fonction de la structure juridique de la société, la **responsabilité** de l'associé est soit limitée aux apports qu'il a effectués (*ex.* : SARL, SA, SAS), soit indéfinie et conjointe (*ex.* : société civile), soit indéfinie et solidaire (*ex.* : SNC). Dans les sociétés en commandite, les associés commandités ont une responsabilité indéfinie et solidaire alors que les associés commanditaires ont une responsabilité limitée aux apports.

II ▶ Règles de forme

Étapes :

1. Un avant-contrat peut être rédigé : *ex* : **promesse de société**.

2. La rédaction des **statuts** : l'écrit est obligatoire. Il s'agit en principe d'un acte sous seing privé. Ce sera un acte authentique en cas d'apport d'un immeuble. Les statuts contiennent des **mentions obligatoires** : *ex* : structure juridique, montant du capital social, dénomination sociale, siège social.

Le cas échéant, sont annexés aux statuts : le rapport du commissaire aux apports, l'état des engagements conclus pour le compte de la société en formation.

3. Formalités de publicité légale

a. avis dans un journal d'annonces légales (JAL) ;

b. dépôt de pièces (en un exemplaire) et demande d'immatriculation au Registre du Commerce et des Sociétés (RCS) : l'ensemble de ces documents est déposé au Centre de formalités des entreprises (CFE) du siège social ;

c. publicité au Bulletin officiel des annonces civiles et commerciales (BODACC).

Dans les SA qui font offre au public de leurs titres, des conditions de forme et de publicité spécifiques sont applicables :

- rédaction d'un projet de statuts (qui est déposé au greffe du tribunal de commerce) et d'une note d'information soumise au visa de l'Autorité des Marchés Financiers ;
- établissement de bulletins de souscription pour les apports en numéraire ;
- convocation d'une assemblée générale constitutive.

III ▶ Sanctions des irrégularités de constitution

La loi prévoit des actions en justice en cas d'irrégularité dans la constitution des sociétés :

- une **action en nullité**, qui peut être exercée dans deux cas :
- nullité **relative** : qui protège un intérêt particulier ; l'action est exercée par la personne protégée.
- nullité **absolue**, qui protège l'intérêt général ; l'action est exercée par toute personne (ex : si objet ou cause illicite).

L'action en nullité doit être exercée dans un délai de **3 ans** à compter du jour où le vice a été découvert.

- une action en **régularisation**, notamment pour compléter les statuts.

IV ▶ Fiscalité applicable à la constitution des sociétés

Pour calculer les **droits de mutation** exigibles, la loi distingue deux catégories d'apports.

FICHE 12

A. Les apports purs et simples

Ils sont **assujettis** à un droit de mutation s'ils sont faits à une personne morale passible de l'impôt sur les sociétés par une personne physique ou morale non soumise à cet impôt, dans la mesure où ces apports ont pour objet notamment : un immeuble, un droit immobilier (usufruit...), un fonds de commerce, le droit à un bail.

Toutefois, ces apports sont **exonérés** si l'apporteur s'engage à conserver pendant trois ans les titres remis en contrepartie de l'apport. En cas de non-respect de cet engagement, le droit de mutation est immédiatement exigible.

Pour le calcul du droit de mutation, le taux appliqué est de 5 % pour un immeuble ou un droit immobilier, et de 3 à 5 % (taux progressifs en fonction de la valeur de l'apport : la fraction jusqu'à 23 000 € n'étant pas imposable, droit de 3 % sur la fraction du prix de cession comprise entre 23 000 € et 200 000 € et droit de 5 % sur celle excédant 200 000 €) notamment pour les apports de fonds de commerce, de clientèle et de droit au bail.

B. Les apports à titre onéreux

Ils correspondent aux apports qui sont soustraits aux risques sociaux, et qui ont notamment pour contrepartie des espèces, des obligations ou la prise en charge par la société d'un passif incombant à l'apporteur.

L'apport constitue alors une **vente** à la société qui se constitue.

Si l'apport porte sur un immeuble ou un droit immobilier, il est soumis à une taxation de 5 %. Dans les autres cas, l'apport est soumis aux droits de mutation ordinaires en fonction de la nature des biens apportés (ex : pour un fonds de commerce, droit de 3 % à 5 %, *cf.* A.).

C. L'apport d'une entreprise individuelle

Il correspond à l'apport par une personne physique à une société de l'ensemble des éléments d'actif immobilisé et affectés à une activité professionnelle. L'apport à titre onéreux résultant de la prise en charge par la société du passif incombant à l'apporteur est soumis à un **droit de mutation** de 5 % lorsque le passif est imputé sur des immeubles ou des droits immobiliers et à un droit de 3 à 5 % lorsqu'il est imputé sur un fonds de commerce, une clientèle ou un droit au bail (*cf.* A. pour les fractions).

Cet apport est **exonéré** si l'apporteur s'engage à conserver pendant trois ans les titres remis en contrepartie de l'apport. En cas de non-respect de cet engagement, le droit de mutation est immédiatement exigible

MÉMO

Mots clés : règles de fond, règles de forme, conditions de validité, contrat de société, associé, affectio societatis, apport, apport en numéraire, en nature ou en industrie, droits sociaux, offre au public, capital social, bénéfice ou économie, contribuer aux pertes, responsabilité de l'associé, publicité légale, irrégularités de constitution, action en nullité, action en régularisation, droits de mutation, apports purs et simples, apports à titre onéreux, apport en société d'une entreprise individuelle.

La transformation des sociétés

La transformation d'une société consiste à changer sa forme juridique. Elle n'entraîne pas la création d'une personne morale nouvelle.
À noter : la transformation d'une société en GIE entraîne la création d'une personne morale nouvelle.

FICHE 13

I ▶ Conditions de la transformation

A. Règles communes à toutes les transformations

▶ Dans la société qui se transforme

La transformation entraîne une **modification des statuts** qui doit être votée selon les règles applicables dans cette société (pour le quorum et la majorité) pour ce type de décision. De plus, le comité d'entreprise doit être informé et consulté sur le projet de transformation.

▶ Pour l'adoption de la nouvelle forme juridique

Il faut respecter les conditions légales requises pour la nouvelle forme choisie (*ex* : capital minimal, nombre d'associés et statut juridique, objet social).

▶ Publicité légale

La décision de transformation fait l'objet des formalités suivantes : insertion dans un journal d'annonces légales, dépôt du dossier d'inscription modificative au centre de formalités des entreprises et insertion au BODACC.

Lors de la transformation en société par actions, le rapport du commissaire aux comptes doit aussi être déposé.

B. Règles spécifiques

▶ Transformation d'une SNC en SAS

Accord unanime des associés.

▶ Transformation d'une SARL ou EURL

• un **commissaire aux comptes** (CAC) doit rédiger un rapport sur la situation de la société ;

• **majorité** requise pour la transformation :
– en SNC ou en société en commandite : unanimité ;
– en SA : si le montant des capitaux propres figurant au dernier bilan excède 750 000 € : majorité des parts sociales suffit ;
– en SAS, société civile : unanimité.

▶ Transformation d'une SA

Conditions (sauf pour la transformation en SNC)

• le **bilan** des deux premiers exercices sociaux a été établi et approuvé par les actionnaires et la société a au moins deux ans d'existence ;

- la décision de transformation doit être précédée d'un **rapport du CAC** attestant que le montant des capitaux propres est au moins égal au montant du capital social.

Le cas échéant, le projet de transformation doit être soumis pour consultation à l'assemblée générale des **obligataires**.

Pour la **majorité** requise pour la transformation :
- en SARL : *cf.* les conditions prévues pour la modification des statuts d'une SARL ;
- en SNC, SAS et en société civile : unanimité ;
- en société en commandite : unanimité des actionnaires qui seront commandités.

▶ Transformation d'une SAS ou SASU

Si la société est dotée d'un **CAC**, il doit rédiger un rapport (*cf.* transformation d'une SA).

Pour la transformation en SNC, SAS et en société civile, il faut l'unanimité des actionnaires.

▶ Transformation d'une société en société par actions

La désignation d'un **commissaire à la transformation** (CAT) est obligatoire si la société qui se transforme n'est pas dotée d'un CAC. Le CAT apprécie la valeur des biens composant l'actif social et les avantages particuliers. Dans son rapport, le CAT atteste aussi que le montant des capitaux propres est au moins égal à celui du capital social.

II ▶ Effets de la transformation

La transformation est **opposable** aux tiers dès la fin des opérations de publicité légale.

La société conserve son **patrimoine**. De plus :
- le mandat des **dirigeants** prend fin et de nouveaux dirigeants sont désignés ;
- les titres des **associés** sont remplacés ;
- selon la nouvelle structure juridique : la mission du **CAC** de la forme juridique précédente se poursuit ou cesse. Le cas échéant, il peut être obligatoire de désigner un CAC ;
- les **créanciers** de l'ancienne forme juridique peuvent demander le paiement de leurs créances ;
- le cas échéant, le **contrat de bail** se poursuit ;
- les **contrats de travail** sont maintenus sans modification.

III ▶ Sanctions des irrégularités de transformation

La loi prévoit les cas de **nullité** de la transformation, par ex : défaut d'approbation des associés sur l'évaluation des biens composant l'actif social en cas de transformation d'une société par actions ou défaut de rapport d'un CAC sur la situation de la société en cas de transformation d'une SARL.

La **validité** de la décision de transformation est conditionnée par le respect des règles relatives aux assemblées d'associés.

La responsabilité civile des dirigeants peut être engagée en cas d'irrégularité.

FICHE 13

IV ▶ Fiscalité applicable à la transformation des sociétés

A. Transformation avec un changement de régime fiscal

Une société passible de l'IS passe sous le régime des sociétés de personnes et réciproquement.

▶ **Impôts directs**

IS exigible immédiatement pour les sociétés soumises à l'IS (mais les profits et les plus-values latents peuvent bénéficier d'une imposition différée dans certaines conditions) et imposition immédiate des résultats de l'exercice en cours pour les autres sociétés.

▶ **Droits d'enregistrement**

• **Si une société devient passible de l'IS** : taux de mutation de 3 % sur les immeubles et taux de 3 à 5 % sur les fonds de commerce (3 % sur la fraction comprise entre 23 000 € et 200 000 € et 5 % sur celle excédant 200 000 €. Toutefois, si tous les associés s'engagent à conserver leurs titres pendant au moins 3 ans à compter du changement de régime fiscal, un droit fixe peut être appliqué : il est de 375 € ou de 500 € selon que le capital social est inférieur ou non à 225 000 €). Pour les autres apports, c'est le droit fixe des actes innomés de 125 € qui s'applique.

• **Si une société cesse d'être passible de l'IS** : le droit fixe de 125 € est applicable.

B. Transformation avec changement de régime fiscal

▶ **Impôts directs**

L'opération est neutre.

▶ **Droits d'enregistrement**

Le droit fixe de 125 € s'applique.

MÉMO

Mots-clés : transformation des sociétés, forme juridique, modification des statuts, décision de transformation, publicité légale, commissaire aux comptes, commissaire à la transformation, effets de la transformation, sanctions des irrégularités, changement de régime fiscal, impôts directs, droits d'enregistrement.

Les pouvoirs dans l'entreprise

FICHE 14

I ▶ Présentation des organes de direction

A. Les différents organes

Les sociétés sont dirigées par des **organes de gestion** spécifiques variant suivant la forme sociale.

Un **représentant légal** est une personne ayant légalement le pouvoir d'engager la société vis-à-vis des tiers. Il agit **au nom** et pour **le compte** de la collectivité des associés.

Lié à la société par un contrat de mandat, il détient également des pouvoirs de gestion qui lui sont conférés par la loi bien que les statuts puissent les aménager (limitations statutaires des pouvoirs des gérants).

Forme sociale	Organe de gestion	Pouvoirs	Limite d'âge
SNC	Gérant associé ou non, PP ou PM.	Accomplit tous les actes dans l'intérêt de la société. A l'égard des tiers, engage la société dans la limite de l'objet social.	non
SARL	Gérant associé ou non, PP.	Pouvoirs les plus étendus pour agir au nom de la société. A l'égard de tiers engage la société même par les actes n'entrant pas dans l'objet social	non
SA	Administrateurs 3 à 18, PP ou PM (représentant permanent), actionnaire.	Voir 1, B	Dans le silence des statuts, 70 ans max. pour le 1/3 d'entre eux.
	Président du conseil d'administration, PP, administrateur et actionnaire	Voir 1, B	Dans le silence des statuts 65 ans
	Directeur général, PP, actionnaire ou non	Voir 1, B	Dans le silence des statuts 65 ans
	Directeur général délégué, PP, actionnaire ou non	Voir 1, B	Dans le silence des statuts 65 ans
	Membre du directoire, 1 à 5, PP actionnaire ou non	Voir 1, B	Dans le silence des statuts 65 ans
	Membres du conseil de surveillance, 3 à 18, PP ou PM (représentant permanent), actionnaire.	Voir 1, B	Dans le silence des statuts, 70 ans max. pour le 1/3 d'entre eux

Forme sociale	Organe de gestion	Pouvoirs	Limite d'âge
SAS	Président, PP ou PM .	Pouvoirs étendus pour agir au nom de la société. A l'égard des tiers engage la société même par les actes n'entrant pas dans l'objet social	Non sauf disposition statutaire contraire

FICHE 14

▶ Dans les rapports avec les tiers

Les représentants légaux ont le pouvoir d'engager la société dans la limite de l'objet social, cette limite ne joue que pour les SNC ou SCS.

Tout acte des représentants légaux, non réservé à la compétence d'un autre organe, engage valablement la société à l'égard des tiers s'il entre dans l'objet social et s'il a été accompli au nom de la société.

Les clauses statutaires limitant les pouvoirs du représentant légal sont inopposables aux tiers.

▶ Dans les rapports avec les associés

Les représentants légaux sont tenus de respecter les clauses statutaires qui, éventuellement, restreignent leurs pouvoirs ; en l'absence de telles clauses, les représentants légaux peuvent accomplir seuls les actes de gestion dans **l'intérêt de la société**.

B. Répartition des pouvoirs au sein de la SA

▶ Pouvoirs des dirigeants dans la SA classique

Le conseil d'administration fixe les orientations de l'activité de la société et les met en œuvre. Il se saisit de toute question intéressant la bonne marche de la société.

Il détient également des prérogatives spécifiques relatives aux convocations des AG, à l'établissement des comptes, aux autorisations des conventions, cautions, avals et garanties. Il nomme le Président du conseil d'administration, le directeur général et le directeur général délégué.

Le président organise et dirige les travaux du conseil d'administration doit veiller au bon fonctionnement interne de la société.

Le directeur général exerce la direction de la société et représente cette dernière dans ses rapports avec les tiers

▶ Pouvoirs des dirigeants dans la SA de type dualiste

Le directoire exerce les fonctions de direction. Il est investi des pouvoirs les plus étendus pour agir en toutes circonstances au nom de la société.

Seul le président du directoire a qualité pour représenter la société à l'égard des tiers. Cependant, la direction de la SA doit être assurée collégialement de façon permanente.

La mission du conseil de surveillance consiste à exercer un contrôle permanent de la gestion de la société faite par le directoire.

Il vérifie les comptes, nomme les membres du directoire, fixe leur rémunération...

FICHE 14

II ▶ Pouvoirs des associés

Les pouvoirs des associés sont affirmés par les différents droits dont ils disposent.

Le droit à l'information de l'associé est une des prérogatives essentielles de ce dernier :

- droit d'obtenir communication des livres et des documents sociaux, réglementé en fonction du type de société ;
- droit de poser des questions écrites sur la gestion sociale ;
- droit d'obtenir communication des comptes sociaux et du rapport de gestion, avant l'AG annuelle.

Les associés peuvent demander en justice la nomination d'un ou plusieurs experts chargés de présenter un rapport sur une ou plusieurs opérations de gestion.

L'AG permet à la collectivité des associés d'exercer leur pouvoir général de contrôle sur la gestion de la société. En cas de carence des organes compétents, les actionnaires ont le pouvoir sous certaines conditions de convoquer l'AG.

En dépit de ce pouvoir de contrôle, des organes spécifiques doivent être mis en place en fonction du type de société (commissaire aux comptes, expert de gestion, conseil de surveillance...).

Le pouvoir des associés se manifeste par le droit de nomination et de révocation des dirigeants, par un droit d'approbation des comptes sociaux, par un pouvoir de modification des statuts...

III ▶ Le gouvernement d'entreprise

Il s'agit de parvenir à un meilleur équilibre des pouvoirs dans les sociétés en redéfinissant les attributions des organes dirigeants et en donnant aux actionnaires ainsi qu'aux salariés les moyens d'exercer leur contrôle.

La réflexion sur le gouvernement d'entreprise était à l'origine destinée aux sociétés cotées. Or, en France, il concerne l'ensemble des sociétés.

Il s'agit de la mise en place d'une véritable éthique des affaires.

▶ Dans les sociétés anonymes

Les mesures qui traduisent ce nouvel équilibre sont :

- la dissociation possible des fonctions de président et de directeur général dans les SA de type classique avec une redéfinition de leurs pouvoirs ;
- une modification du statut des commissaires aux comptes.

FICHE 14

▶ **Consécration des droits des actionnaires**

Comme cela a été dit précédemment, le renforcement du droit à l'information des actionnaires ainsi que les prérogatives conférées à ces derniers contribuent à leur donner un rôle actif dans les sociétés.

▶ **Consécration des droits des salariés**

Le comité d'entreprise peut demander la désignation d'un mandataire afin que l'AG soit convoquée en cas d'urgence. Il dispose du droit d'inscrire des projets de résolution à l'ordre du jour des assemblées et enfin deux de ses membres peuvent assister aux AG.

Enfin dans les sociétés dont les titres sont admis aux négociations sur un marché réglementé - lorsque les salariés détiennent plus de 3 % du capital - l'élection d'un ou plusieurs représentants des salariés actionnaires au conseil d'administration ou de surveillance est obligatoire.

Les comités d'études sont une création de la pratique, surtout dans les sociétés cotées. Ils constituent un instrument privilégié de la mise en œuvre du gouvernement d'entreprise. Il peut s'agir d'organes permanents comme les comités d'audit ou de rémunération. Mais il peut également s'agir de comités temporaires.

Fiscalité des affaires internationales

Les règles de territorialité de l'impôt déterminent quelles sont les rémunérations soumises à la fiscalité française.
Les États concluent entre eux des conventions visant à éviter les doubles impositions et la fraude fiscale.
Le droit fiscal a prévu des dispositifs destinés à contrecarrer l'évasion fiscale.
L'Union européenne a organisé la cohérence de la TVA dans les États membres.

FICHE 15

I ▶ Territorialité des impôts directs

A. Territoire français en matière d'impôts directs

France = France continentale et Corse + départements d'outre-mer (DOM)

Remarque. Les TOM ainsi que Mayotte et St Pierre et Miquelon sont exclus du territoire français.

B. Territorialité de l'impôt sur le revenu

▶ Personnes (françaises ou étrangères) ayant leur domicile fiscal en France

Passibles de l'IR sur **l'ensemble de leurs revenus** (de source française ou étrangère).

- Critères du domicile fiscal en France
- – Foyer ou lieu de séjour principal.
- – Activité professionnelle principale.
- – Centre des activités économiques.
- – Fonctionnaires et agents de l'État en service à l'étranger.

▶ Personnes non domiciliées en France

Passibles de l'IR sur leurs seuls revenus de source française.

- Critères des revenus de source française
- – Revenus d'immeubles situés en France.
- – Revenus de valeurs mobilières françaises.
- – Revenus d'entreprises situées en France.
- – Revenus d'activités professionnelles exercées en France.

Quand le débiteur a son domicile fiscal ou est établi en France :

- – Pensions et rentes viagères, revenus des inventeurs et droits d'auteur, sommes payées en rémunération de prestations fournies et utilisées en France.

FICHE 15

▶ Personnes disposant d'une habitation en France

Imposition d'un revenu forfaitaire égal à 3 fois la valeur locative.

▶ Retenues à la source

Une retenue à la source libératoire de l'impôt sur le revenu est appliquée aux revenus versés à des personnes résidant hors de France.

▶ Cas particulier des DIO

Les personnes exerçant une activité relevant des BIC, simultanément en France et hors de France, doivent déclarer leur **résultat d'ensemble**.

▶ Conventions internationales

Les conventions internationales peuvent rendre imposables en France les revenus de personnes résidant hors de France.

C. Territorialité de l'impôt sur les sociétés

Imposition des bénéfices réalisés seulement dans les **entreprises exploitées en France**.

Imputation des impôts étrangers retenus à la source (cas des impôts retenus dans un pays lié à la France par une convention)

– Corollaire

Non-imputation des pertes des succursales et des filiales à l'étranger.

Le régime d'imputation des déficits des filiales et succursales étrangères de PME a été supprimé par la loi 2013-1278 du 29-12-2013, art. 26, I (pour les exercices clos à compter du 31 décembre 2013).

D. Prévention de l'évasion fiscale

▶ Contrôle des transferts indirects de bénéfices à l'étranger

- Imposition des bénéfices transférés indirectement (CGI, et. 57)

– Bénéfices imposés

Bénéfices transférés par voie de *majoration* ou de *diminution* du *prix de vente*.

– Condition de l'imposition

Lien de **dépendance** entre l'entreprise française et l'entreprise étrangère à laquelle le bénéfice est transféré.

Information sur la méthode de détermination des prix de transfert

– L'administration peut **demander des informations** sur les modalités de détermination des prix de transfert.

– Les très grandes entreprises (CA ⩾ 400 M€ ou régime du bénéfice consolidé) doivent **préparer une documentation** justifiant la politique des prix de transfert. À défaut de présentation, une amende s'applique : elle est de 10 000 €

ou de 5 % des bénéfices transférés si > à 10 000 €. Depuis le 1er janvier 2015, l'amende est égale à 0,5 % du montant des transactions concernées par la demande si ce montant est supérieur aux deux autres seuils.

- Prévention de la double imposition résultant de la répression des accords indirects

Problème réglé par des accords préalables, des procédures amiables ou des procédures d'arbitrage prévues dans les conventions fiscales.

▶ Régimes fiscaux privilégiés et États non coopératifs

- Sommes versées à des personnes établies dans un pays soumis à un **régime fiscal privilégié**

Non déductibles sauf si le débiteur prouve que les dépenses correspondent à des opérations réelles et qu'elles ne sont pas anormales ou exagérées.

- Sommes versées à des personnes établies dans un **État ou territoire non coopératif (ETNC)**

Le débiteur doit démontrer en plus que les opérations auxquelles correspondent les dépenses, ont principalement un objet et un effet autres que de permettre la localisation des dépenses dans un État ou territoire non coopératif.

- Autres mesures dirigées contre les ETNC
  - Non-application du régime des sociétés mères aux distributions effectuées par des sociétés établies dans les ETNC et exclusion du régime des PVLT pour les cessions de titres de sociétés établies dans les ETNC (mais le contribuable peut prouver que la prise de participation n'a pas pour but la fraude fiscale, QPC du 20 janvier 2015).
  - Majoration de la retenue à la source sur les profits et plus-values immobiliers et sur les plus-values de cession de parts et actions lorsque le bénéficiaire est établi dans un ETCN.

II ▶ Territorialité de la TVA

A. Territoires en matière de TVA

Territoire français. France continentale et Corse, Monaco et eaux territoriales et plateau continental.

Remarque. Les DOM et les TOM sont des territoires d'exportation.

Territoire des autres États membres de l'Union européenne.

Pays tiers. Ce sont les pays n'appartenant pas à l'UE. Les échanges avec les pays tiers sont des exportations ou des importations.

B. Échanges intracommunautaires

▶ Décomposition

Échanges de **biens meubles corporels** entre la France et un autre État membre = **livraison intracommunautaire** (par le vendeur) + **acquisition intracommunautaire** (par l'acheteur)

▶ Livraisons intracommunautaires

- Définition

La livraison intracommunautaire est la livraison d'un **bien meuble corporel** expédié depuis la France à destination d'un autre État membre de l'UE.

- Exonération

La livraison intracommunautaire est exonérée de la TVA sous les conditions suivantes :

- livraisons de biens effectuées à titre **onéreux**, le vendeur et l'acquéreur étant des **assujettis** (prouvé en pratique par le numéro d'identification à la TVA) ;
- transferts de biens assimilés à des livraisons, réalisés par un assujetti pour les besoins de son exploitation.

▶ Acquisitions intracommunautaires

- Définition

L'acquisition intracommunautaire est la livraison, par un assujetti établi dans un autre État membre, d'un **bien meuble corporel** expédié à destination de l'acquéreur en France.

- Lieu et régime d'imposition

- **Bien arrivé en France.** L'acquéreur doit payer spontanément la TVA française (autoliquidation) et la récupérer.
- **Bien acquis dans un 1er État membre à destination d'un 2e État membre par un assujetti situé en France.** La communication au vendeur du numéro d'identification de l'acquéreur entraîne l'imposition en France. La base d'imposition dans l'État membre de destination vient en diminution de celle qui a été retenue en France. TVA non récupérable.

- Affectations assimilées à des livraisons

L'affectation, pour les besoins de l'entreprise d'un assujetti en France, d'un bien transporté à partir d'un autre État membre est assimilée à une acquisition intracommunautaire.

Taxation d'après le prix d'achat de biens similaires ou d'après le prix de revient.

FICHE 15

▶ **Régimes particuliers**

- Personnes bénéficiant d'un régime dérogatoire (PBRD)

– **Champ d'application.** Personnes morales non assujetties à raison de l'activité pour laquelle l'acquisition est réalisée, assujettis réalisant exclusivement des opérations ne leur ouvrant pas droit à déduction, exploitants agricoles placés sous le régime du remboursement forfaitaire.

– **Conditions de seuil.** Montant des acquisitions intracommunautaires ⩽ 10 000 € pour l'année précédente ou l'année en cours.

– **Paiement de la taxe.** La TVA est payée par le vendeur (ou régime de la vente à distance).

– **Option pour le régime de droit commun.** Les PBRD peuvent opter. Option valable deux ans.

- Ventes à distance

Bien acquis par un particulier ou par une PBRD.

La TVA est **due par le vendeur** :

– dans le pays de départ si CA des ventes à distance < seuil (100 000 € en France) ;

– dans le pays d'arrivée si CA des ventes à distance > seuil ou sur option du vendeur.

- Moyens de transport neufs (voitures, avions de tourisme ou d'affaires, bateaux de plaisance)

Les biens acquis par un particulier ou par une PBRD sont soumis à la **TVA de l'État de destination**.

FICHE 15

C. Échanges avec les pays tiers

▶ **Exportations**

- Définition

Les exportations sont les livraisons de biens meubles corporels expédiés en dehors de l'UE.

- Exonération

Les exportations sont exonérées de la TVA. La TVA ayant grevé l'acquisition ou la production du bien, est néanmoins déductible.

▶ **Importations**

- Définition

L'importation est l'**entrée en France** d'un bien provenant d'un pays tiers.

- Taxation

Les importations sont soumises à la TVA. C'est l'acquéreur qui est redevable de la TVA (autoliquidation) s'il est assujetti à la TVA.

D. Opérations portant sur les navires et les aéronefs

• **Navires concernés.** Navires de commerce maritime, de pêche professionnelle et de sauvetage en mer.

• **Aéronefs concernés.** Aéronefs utilisés par les compagnies dont les services avec l'étranger et les DOM-TOM représentent au moins 80 % du trafic.

• Sont assimilés à des exportations (et donc exonérés) **les livraisons et les services** portant sur ces navires ou ces aéronefs ou pour leurs besoins.

FICHE 15

E. Territorialité des prestations de services

▶ Prestation rendue par un assujetti établi hors de France à un assujetti établi en France

• Territorialité

Pays d'établissement du preneur.

• Redevable

Preneur.

• Fait générateur

Exécution de la prestation.

Remarque. Pour les prestations à caractère continu sur plus d'un an sans paiement pendant cette période, fait générateur à la fin de chaque année civile.

• Exigibilité

Lors du **fait générateur** ou lors du paiement des acomptes ou à la fin des années civiles.

Remarque. La coïncidence entre le fait générateur et l'exigibilité est une exception à la règle d'exigibilité de la TVA sur les encaissements, applicable habituellement aux prestations de services.

• Formalités

– Autoliquidation de la taxe par le preneur (c'est-à-dire collecte et déduction).

– Dépôt de la déclaration CA3 par le preneur.

– Dépôt d'une déclaration européenne de services (DES) par le prestataire.

▶ Prestation rendue par un assujetti établi hors de France à un non assujetti établi en France

• Territorialité

Pays d'établissement du prestataire.

• Redevable

Prestataire.

• Fait générateur

Exécution de la prestation.

- Exigibilité

À l'encaissement des acomptes, du prix ou de la rémunération.

- Formalités

– L'autoliquidation n'est pas applicable.

– Pas de DES.

MÉMO

Règles de territorialité

- Impôt sur le revenu : imposition sur l'ensemble du revenu mondial ;
- Impôt sur les sociétés : imposition sur les seuls bénéfices réalisés en France
- TVA :

– imposition des importations et des acquisitions intracommunautaires ;
– exonération des exportations et des livraisons intracommunautaires.

Financement par les capitaux propres

FICHE 16

L'entreprise peut financer sa croissance par :
- **l'autofinancement, ce qui a l'inconvénient de réduire les distributions de bénéfices aux associés ;**
- **ou l'appel au marché bancaire ou financier. Dans ce dernier cas, l'entreprise peut solliciter le marché pour renforcer ses capitaux propres (elle peut aussi s'endetter, voir la Fiche 17).**

I ▶ Augmentation de capital (généralités)

A. Conditions préalables (SARL et SA)

Le capital doit être entièrement libéré avant l'augmentation de capital en numéraire ou par compensation avec des créances.

B. Libération des actions nouvelles

	SARL et SA
Émission d'actions ou de parts nouvelles libérées en numéraire	Libération de 1/4 au moins du montant nominal, le surplus dans les 5 ans.
Émission par apports en nature	Libération immédiate
Prime d'émission	Libération intégrale lors de la souscription

C. Fiscalité

• Apports purs et simples : 375 € (ou 500 € pour les sociétés ayant un capital social supérieur ou égal à 225 000 €).

Exception : Lorsque la société bénéficiaire de l'apport est soumise à l'IS alors que l'apporteur n'est pas soumis à l'IS, droit proportionnel de 3 % ou 5 % sauf si l'apporteur s'engage à conserver les titres pendant 3 ans.

• Apports à titre onéreux : Droit proportionnel de 3 % ou 5 %.

Exception : Si l'apporteur s'engage à conserver les titres pendant 3 ans, droit fixe de 375 € (ou 500 € pour les sociétés ayant un capital social supérieur ou égal à 225 000 €).

Remarque. Si le capital n'est pas totalement libéré, les PME ne peuvent pas bénéficier du taux d'imposition réduit à 15 %.

II ▶ Augmentation de capital des SA

A. Organes compétents

• Proposition du **conseil d'administration** (ou du directoire).

• Rapport spécial du **commissaire aux comptes** dans certains cas (apports en nature, compensation avec des créances, renonciation aux DPS, création d'actions de préférence, émission d'options ou de titres donnant accès au capital).

• Délibération de **l'assemblée générale extraordinaire (AGE)**.

Types d'apports	Quorum	Majorité
Apports en numéraire ou en nature. Apports par compensation des créances.	1/4 des actions ayant droit de vote sur première convocation. 1/5 des actions sur deuxième convocation.	Au moins les **deux tiers** des actions. L'**unanimité** est nécessaire pour une augmentation de capital par élévation du nominal des actions.
Incorporation des réserves, des bénéfices ou des primes d'émission	1/5 des actions ayant droit de vote sur première convocation. Aucun quorum sur deuxième convocation.	**Majorité simple** des voix dont disposent les actionnaires présents ou représentés.

• **Délégation** au conseil d'administration (ou au directoire)

L'AGE peut déléguer sa compétence ou son pouvoir au conseil d'administration (ou au directoire).

La délégation ne peut concerner que des augmentations de capital par apport en numéraire.

• **Subdélégation** au directeur général

Dans les sociétés cotées, le conseil d'administration (ou le directoire), peut déléguer au directeur général les pouvoirs de réaliser l'augmentation de capital.

B. Délais

Cinq ans à dater de l'AGE qui l'a décidée ou déléguée.

C. Publicité

▶ Publicité de la décision d'augmentation de capital

Dans un délai d'**un mois** à compter de la date de l'AGE :

- enregistrement fiscal,
- insertion dans un journal d'annonces légales,
- dépôt au greffe du tribunal de commerce avec demande d'inscription modificative au RCS,
- insertion au BODACC par les soins du greffier du tribunal de commerce.

▶ Publicité de la réalisation de l'augmentation de capital

Les modifications des statuts impliquées par la modification du capital, sont par ailleurs soumises à des formalités de publicité (*cf.* Fiche 12).

FICHE 16

D. Augmentation de capital par apport en numéraire

▶ Prime d'émission

Prime d'émission = prix d'émission – valeur nominale (de l'action émise)

Exemple

Le capital social de la société anonyme Prima s'élève à 1 000 000 €. Il est divisé en 10 000 actions de valeur nominale 100 €. La valeur de marché de cette société s'élève à 2 300 000 € et la valeur de marché des actions est égale à 2 300 000/10 000 = 230 €.

L'AGE de la société Prima décide d'augmenter le capital social de 500 000 € par émission de 5 000 actions nouvelles de même valeur nominale que les actions anciennes. Il est équitable que les nouveaux actionnaires paient leurs actions à un prix reflétant leur valeur réelle, soit 230 €. En fait, pour faciliter l'émission, le conseil d'administration, sur délégation de pouvoir de l'AGE, fixe le prix d'émission des actions nouvelles à 210 €.

Prix d'émission	210 €
– Valeur nominale	100 €
= Prime d'émission	110 €

Remarque. Rappelons que la prime d'émission doit être intégralement libérée à l'émission.

▶ Droit préférentiel de souscription

Chaque action dispose d'un droit préférentiel de souscription (DPS) des **actions de numéraire** émises pour réaliser une augmentation de capital. Ce droit est négociable.

Exceptions. Le DPS est supprimé quand :

- les actionnaires renoncent **à titre individuel** à leur DPS ;
- les **décisions collectives** des actionnaires impliquent renonciation aux DPS (conversion d'actions de préférence, émission de valeurs mobilières donnant accès au capital, approbation d'un projet de fusion ou de scission par les actionnaires de la société bénéficiaire des apports, placements privés à l'intention d'investisseurs qualifiés).

Par ailleurs, la loi prive du DPS les **actions de préférence** sans droit de vote auxquelles est attaché un droit limité de participation aux dividendes, aux réserves ou au partage du patrimoine en cas de liquidation, sauf disposition contraire des statuts.

Exemple

Les 10 000 actions anciennes de la société Prima, évaluées à 230 €, disposent chacune d'un DPS. Pour souscrire une des 5 000 actions nouvelles, il faut détenir 10 000/5 000 = 2 DPS.

M. X propriétaire de 2 actions anciennes peut souscrire à une action nouvelle en versant le prix d'émission (210 €) + 2 DPS. Il peut aussi vendre ses DPS à une personne désireuse de souscrire à l'augmentation de capital. La valeur de marché d'un DPS est déterminée comme suit.

Première méthode

	Capitaux propres	Nombre d'actions	Valeur unitaire de l'action
Situation avant l'augmentation de capital	2 300 000 €	10 000	230 €
Augmentation de capital	1 050 000 €	5 000	210 €
Situation après l'augmentation de capital	3 350 000 €	15 000	223,33 €

Valeur du DPS = 230 – 223,33 = **6,67** €
Deuxième méthode : une action nouvelle = 2 DPS + 210 €.
Donc, valeur de 2 DPS = 223,33 – 210 = 13,33 €, soit 6,67 € par DPS.

FICHE 16

▶ **Réalisation de l'augmentation de capital**

– Publicité avant l'ouverture des souscriptions : avis aux actionnaires.
– Dépôt des fonds chez un notaire, dans une banque ou à la Caisse des dépôts et consignation, dans les **8 jours** de la réception des fonds.
– Modification des statuts.

E. Augmentation de capital par apport en nature

- **Contrat d'apport** signé par le président du conseil d'administration après autorisation du conseil d'administration et soumis à l'approbation par l'AGE.
- Rapport du **commissaire aux apports** (tenu à la disposition des actionnaires et déposé au greffe 8 jours avant l'AGE).
- Approbation par l'**AGE** (l'apporteur ne vote pas).
- Prime d'apport = Prime d'émission.

Sans rapport du commissaire aux comptes, la décision de l'AGE est nulle si le juge est saisi d'une action en nullité. Le délai de prescription de l'action en nullité est de trois mois à compter de la date de l'AGE.

En cas d'annulation de la décision, une action en responsabilité civile peut être engagée contre le dirigeant, et contre le commissaire aux apports et si une faute peut être imputée.

F. Augmentation de capital par incorporation de réserve

▶ **Formes des augmentations de capital**

Deux modalités possibles : **attribution d'actions gratuites** ou **élévation de la valeur nominale**.

▶ **Droit d'attribution**

En cas d'attribution d'actions gratuites, **droit d'attribution** (ressemble au droit préférentiel de souscription.)

▶ Fiscalité

Droit fixe de 375 € ou 500 € selon que le capital est > ou ⩾ 225 000 €.

G. Actions de préférence

Les sociétés par actions peuvent créer des **actions de préférence avec ou sans droit de vote, assorties d'avantages particuliers** qui dérogent au principe de proportionnalité (une action = une voix = une fraction du dividende).

Les avantages particuliers (à titre temporaire ou permanent) peuvent être capitalistiques (dividende particulier) ou politiques (droit de vote ou d'information renforcé), ils peuvent être positifs (renforcement d'un droit) ou négatifs (limitation ou suppression d'un droit).

L'intérêt est de pouvoir diversifier les sources de financement de l'entreprise en évitant la dilution du capital ainsi que la perte du contrôle.

Les actions de préférence sans droit de vote ne peuvent pas représenter **plus de la moitié du capital social**, et dans les sociétés dont les actions sont admises aux négociations sur un marché réglementé, **plus du quart du capital social**.

III ▶ Augmentation de capital des SARL

A. Organes compétents

- Proposition de la gérance
- Rapport spécial du commissaire aux apports pour les apports en nature
- Décision en AGE

L'augmentation du capital en numéraire ou en nature exige une décision des associés en assemblée générale extraordinaire (AGE) (convoqués au moins 15 jours à l'avance).

Les conditions de quorum et de majorité ont changé pour les sociétés créées après le 4 août 2005, comme le montre ce tableau récapitulatif :

Type d'augmentation de capital	Quorum	Majorité
Apports en numéraire Apports en nature (avec rapport du commissaire aux apports)	1/4 des parts sociales sur première convocation. Les statuts peuvent prévoir un quorum plus élevé. 1/5 des parts sociales sur deuxième convocation sauf clause statutaire prévoyant un quorum plus élevé.	Au moins les deux tiers des parts sociales. Les statuts peuvent prévoir une majorité plus élevée, celle-ci ne pouvant pas atteindre l'unanimité
Augmentation de capital par incorporation des réserves ou du bénéfice	Idem	Majorité simple des voix dont disposent les associés présents ou représentés. Juridiquement le constat de la décision par l'AGE correspond à la réalisation de l'opération.
Augmentation de capital par élévation de la valeur nominale	Idem	À l'unanimité

B. Publicité

▶ Publicité de la décision d'augmentation de capital

Dans un délai de 5 mois à compter de la date de l'AGE :

- publication, dans un journal d'annonces légales, d'un avis de modification du capital social
- enregistrement auprès des services fiscaux
- dépôt au greffe du tribunal de commerce du PV de l'AGE et des statuts modifiés avec demande d'inscription modificative au RCS

IV ▶ Le recours au marché financier

A. Les marchés

- **Marchés réglementés.** Marché très contrôlé, mettant à la charge des émetteurs plus d'obligations, par exemple celles relatives aux OPA, ou encore à l'application des normes comptables IFRS. Il est géré par une **entreprise de marché** (Exemple : NYSE Euronext, passé sous contrôle d'Intercontinental Exchange Group, Inc, depuis le 12 novembre 2013).
- **Systèmes multilatéraux de négociation** *(Multilateral Trading Facility* – MTF). Systèmes analogues aux marchés réglementés mais où les modalités d'admission et de cotation sont assouplies. Leur exploitation constitue un service d'investissement assuré par une *entreprise d'investissement*. Les règles d'organisation de certains MTF sont approuvées par l'AMF : ce sont des MTF « organisés » (*Exemples* : Alternext et NYSE Bondmatch).
- Marchés de gré à gré où interviennent des internalisateurs.

B. Acteurs des marchés

- **Entreprise de marché.** Société de forme commerciale gérant et/ou exploitant l'activité d'un marché réglementé.
- **Entreprise d'investissement.** Toute personne morale dont l'occupation ou l'activité *habituelle* consiste à fournir des services d'investissement (réception et transmission d'ordres portant sur des instruments financiers, exécution d'ordres au nom de clients, négociation pour compte propre, gestion de portefeuille, conseil en investissement, prise ferme et/ou placement d'instruments financiers, exploitation d'un MTF). (Exemple : Bats Chi-X qui est la 1e plateforme de négociation en Europe.
- **Internalisateur systématique.** Prestataire de services d'investissement qui, de façon organisée, fréquente et systématique, négocie pour compte propre en exécutant les ordres de ses clients en dehors d'un marché réglementé ou d'un système multilatéral de négociation.

C. Procédures d'introduction en Bourse

La première cotation des titres est assurée par l'une des procédures suivantes : cotation directe, offre à prix minimal, offre à prix ferme ou offre à prix ouvert.

Lorsque l'offre n'est pas à prix ferme (prix inconnu), le prix est encadré dans une fourchette de plus ou moins 10 % autour d'un cours pivot.

D. Règles particulières aux titres cotés

▶ Identification des actionnaires

• Titres au porteur identifiables

Régime facultatif permettant à la société émettrice d'identifier les actions admises aux négociations sur un marché réglementé. Ce régime doit être prévu par les statuts.

• Actionnaire personne morale

Toute personne morale possédant plus de 2,5 % du capital ou des droits de vote d'une société, est tenue, sur demande de la société, de lui faire connaître l'identité des personnes qui détiennent plus du tiers du capital ou des droits de vote de la personne morale.

▶ Cessions d'instruments financiers cotés

Il y a concurrence entre les marchés réglementés, les MTF et les marchés de gré à gré. Pas d'intervention obligatoire d'un intermédiaire agréé. Néanmoins, la fourniture de services d'investissement effectuée à titre de profession habituelle, est le monopole des **prestataires de services d'investissement**.

▶ Obligations de transparence

Les entreprises de marché, les gestionnaires de MTF et les internalisateurs systématiques sont soumis à des obligations de transparence (prix à l'achat et à la vente et nombre d'instruments financiers correspondants).

▶ Franchissement des seuils de participation

Toute personne, agissant seule ou de concert, doit informer la société du nombre total d'actions ou de droits de vote qu'elle possède, quand elle vient à posséder un nombre d'actions représentant 5 %, 10 %, 15 %, 20 %, 25 %, 33,33 %, 50 %, 66,66 %, 90 % ou 95 % du capital ou des droits de vote. Elle doit aussi en informer l'AMF.

Il en est de même lorsque la participation d'un actionnaire devient inférieure à l'un des seuils prévus ci-dessus.

Pour permettre aux actionnaires d'apprécier s'ils ont franchi un seuil, les sociétés par actions doivent publier le nombre total de droits de vote.

E. Informations privilégiées

Les « initiés » (**dirigeants sociaux** et personnes disposant en raison de l'exercice de leur profession ou de leurs **fonctions**, d'information privilégiées sur la situation d'un émetteur de titres *admis aux négociations sur un marché réglementé*) sont passibles de sanctions pénales s'ils réalisent ou permettent de réaliser, directement ou par personne interposée, des opérations avant que le public ait connaissance de ces informations.

F. Offres publiques d'acquisition

▶ **Offres publiques volontaires**

L'initiateur d'une offre publique est soumis à des obligations de déclaration à l'AMF et d'information du comité d'entreprise, du public et des actionnaires.

L'offre est **irrévocable**.

La procédure de **retrait obligatoire** peut être mise en œuvre à l'issue d'une offre publique dès l'instant où les titres non présentés à l'offre ne représentent pas plus de 5 % du capital ou des droits de vote.

▶ **Offres publiques obligatoires**

L'offre publique est obligatoire lorsqu'une personne agissant seule ou de concert, détient **plus du tiers** des droits de vote. L'offre doit viser la **totalité des titres**.

V ▶ Pacte d'actionnaire

A. Caractéristiques essentielles

▶ **Définition**

Le pacte d'actionnaires (ou pacte de groupe, pacte de famille) est un contrat écrit, sous-seing privé (et donc extrastatutaire), signé entre les principaux actionnaires d'une société ou certains d'entre eux. Ce contrat permet de protéger les intérêts communs et de faire face aux litiges futurs.

▶ **Publicité des pactes**

- Dans les sociétés inscrites à un marché réglementé : les pactes doivent être portés à la connaissance des tiers (sur site Internet...).
- Dans les autres sociétés : ils restent confidentiels quand ils ne sont pas inscrits dans les statuts.

▶ **Sanction du non-respect d'un pacte d'actionnaires**

Un acte effectué en violation d'un pacte d'actionnaires est sanctionné par la nullité.

B. Principaux types de pactes d'actionnaires

▶ **Clauses de stabilisation du capital**

La **clause d'agrément** a pour but d'écarter l'entrée de certaines personnes dans la société. Dans le cas où un actionnaire désire céder ses actions, les actionnaires présents sont prioritaires.

La **clause d'inaliénabilité** interdit aux signataires de se séparer des parts ou actions acquises pendant une période donnée (généralement 2 à 5 ans), permettant la stabilité du capital et du pouvoir de la société.

La **clause de préemption** contraint l'un des signataires du pacte désirant se séparer de ses titres à avertir les autres signataires de telle sorte que ces derniers puissent exercer leur droit d'achat prioritaire des titres.

La **clause de non-dilution** donne un droit préférentiel de souscription lors des augmentations de capital aux actionnaires minoritaires, leur permettant de conserver un pourcentage de capital identique.

La **clause de droit préférentiel à l'information** permet aux investisseurs d'obtenir des informations plus fréquentes et détaillées que la normale.

La **convention de management** contraint l'acquéreur à consulter ses partenaires financiers pour les décisions extraordinaires sortant du cadre de l'acte normal de gestion (opérations de croissance externe, cession d'actifs, emprunts...). Les partenaires disposent d'un droit de veto leur donnant la possibilité de sortir du capital en cas de désaccord avec l'acquéreur.

▶ Clauses de sortie de la société

La clause de sortie conjointe. Si l'acquéreur majoritaire cède ses titres à un tiers, il doit par cette clause acheter ou faire acheter les titres présentés par les minoritaires signataires au prix où il vend ses parts.

La clause de retrait permet à un signataire de se retirer du capital si un ou des événements précisés dans le pacte surviennent au cours de la période de validité du contrat.

La clause d'exclusion donne le droit aux signataires du pacte d'exclure l'un d'entre eux si certains événements surviennent ou si certaines qualités justifiant sa présence disparaissent.

▶ Les clauses de protection

La clause de sortie garantie contraint l'acquéreur à racheter des titres à ses partenaires à l'issue d'une période donnée.

La clause de « Buy or sell » permet à un actionnaire A de contraindre un actionnaire B, soit à lui racheter ses titres, soit à lui vendre ses titres.

La clause de priorité de collaboration accorde une préférence par rapport à d'autres établissements extérieurs concurrents lors de la réalisation ultérieure d'importantes opérations financières.

VI ▶ Pactes d'associés dans les SARL

Ce type de pacte est un contrat, extrastatutaire, connu par les seuls signataires et modifiable par avenant avec l'unanimité des signataires. Un pacte permet de fixer les clauses relatives à l'organisation, et à la gestion de la société (pouvoirs, litiges...) de fixer l'exercice des droits de vote (unanimité pour certaines décisions) de fixer des clauses pour la maîtrise du capital.

VII ▸ Amortissement du capital et réduction de capital

A. Amortissement du capital

▸ Définition

L'amortissement du capital est une opération par laquelle une société rembourse aux actionnaires, tout ou partie du montant nominal de leurs actions à titre d'avance sur la liquidation future de la société.

▸ Impossibilité

L'amortissement du capital n'est pas possible en présence :

- d'actions à dividendes prioritaires sans droit de vote (elles doivent être d'abord rachetées par la société) ;
- de valeurs mobilières donnant accès au capital.

▸ Terminologie

Actions amorties par prélèvement sur les réserves = Actions de jouissance

Actions non amorties = Actions de capital

Exemple

Bilan avant amortissement d'actions :

BILAN			
		Capital	1 000
Trésorerie	1 600	Réserves	600
	1 600		1 600

La société amortit des actions à hauteur de 400.

Bilan après amortissement des actions :

BILAN			
		Capital non amorti	600
		Capital amorti	400
Trésorerie	1 200	Réserves	200
	1 200		1 200

▸ Fiscalité

L'amortissement du capital est considéré comme une **distribution de réserves**, imposable de la même manière qu'une répartition de dividendes.

B. Réduction du capital

La réduction de capital obéit aux règles de majorité relatives à la modification des statuts. Elle ne peut porter atteinte à l'égalité entre associés.

▸ Trois causes possibles

(1) Annulation de pertes, (2) remboursement pour réduction d'un capital jugé trop élevé ou (3) annulation des parts sociales ou des actions de la société concernée.

▸ Réduction de capital motivée par des pertes

Obligation : si les **capitaux propres** deviennent **inférieurs à la moitié capital**, le dirigeant ou le conseil d'administration ou le directoire, selon le cas,

FICHE 16

est tenu dans les **4 mois** qui suivent l'approbation des comptes ayant fait apparaître ces pertes, de convoquer l'AGE à effet de décider, ou non, de la dissolution anticipée de la société.

Si la dissolution n'est pas retenue, la société a un délai de **deux ans** pour régulariser sa situation.

▶ Réduction de capital non motivée par des pertes

- **Droit d'opposition des créanciers**

Droit d'opposition conféré aux créanciers sociaux dont la créance est née antérieurement à la date du dépôt au greffe, du procès verbal de la délibération de l'assemblée.

Les opérations de réduction du capital ne peuvent commencer pendant le délai d'opposition (20 jours).

- **Fiscalité**

Les sommes réparties aux associés sont assimilées à des distributions de dividendes dans la limite des résultats et des réserves inscrits au passif du bilan et des réserves incorporées au capital.

▶ Droits d'enregistrement

La réduction du capital est soumise au droit fixe qu'elle soit ou non motivée par des pertes.

VIII ▶ Apports en comptes courants d'associés

A. Limites des comptes courants d'associés

▶ Interdiction des comptes débiteurs

Il est interdit aux personnes physiques qui sont :

- gérants et associés de SARL ;
- administrateurs, membres du directoire ou du conseil de surveillance, directeurs généraux de SA ;
- président et autres dirigeants de SAS ;

de contracter des emprunts auprès de la société et de se faire consentir par elle un **découvert en compte courant**.

▶ Conventions réglementées

Dans les **sociétés anonymes**, les conventions de compte courant portant intérêts, conclues entre la société d'une part, et les dirigeants, administrateurs ou actionnaires détenant plus de 10 % des droits de vote d'autre part, sont soumises à **l'autorisation préalable du conseil d'administration**. Le commissaire aux comptes présente à l'assemblée générale un rapport spécial sur ces conventions.

B. Fiscalité des intérêts des comptes courants d'associés

▶ Conditions de déductibilité pour la société versante

- Capital de la société **entièrement libéré**.

• **Taux maximal** des intérêts déductibles est égal au TMPv (taux moyen pratiqué par les banques pour les prêts à taux variable aux entreprises, d'une durée initiale supérieure à deux ans).

▶ Comptes courants d'associés entre sociétés liées

Voir Fiche 19.

▶ Imposition de l'associé bénéficiaire personne physique

Les intérêts reçus par l'associé sont imposés à l'**impôt sur le revenu** dans la catégorie des revenus mobiliers. Cependant, dès l'encaissement des intérêts, ceux-ci sont soumis à un **prélèvement obligatoire** de 24 % (soit 39,5 % prélèvements sociaux inclus). Ce prélèvement constitue un acompte à valoir sur l'impôt sur le revenu payé l'année suivante.

MÉMO

• **Libération minimale des apports lors de la souscription**

	SA	SARL
Apports en numéraire		
Constitution de la société	50 %	20 %
Augmentation de capital	25 %	25 %
Apports en nature	100 %	100 %

• **Prime d'émission = Prix d'émission – Valeur nominale**

• **Pactes d'actionnaire**

Buts	Cadre juridique	
	Société inscrite à un marché réglementé	**Société non inscrite à un marché réglementé**
Stabiliser le capital	Publicité obligatoire	Dans les statuts ou extrastatutaire (confidentialité)
Organiser la sortie des actionnaires		
Protéger les actionnaires		

Financement par endettement

17
FICHE

Lorsqu'une entreprise fait appel à un financement externe, elle peut :
- **soit se financer sur le marché des obligations (l'entreprise est alors indépendante à l'égard des banques) ;**
- **soit s'endetter auprès d'une banque (elles concluent alors des contrats de financement).**

I ▶ Emprunts sur le marché financier

A. Emprunts obligataires

▶ Définition

Un emprunt obligataire est un emprunt dont le montant total (le *principal*) est divisé en un grand nombre de titres de même montant, les obligations.

L'**obligation** est un titre négociable qui, dans une même émission, confère les mêmes droits de créance pour une même valeur nominale.

Les obligations sont dématérialisées. Elles sont obligatoirement inscrites en compte.

▶ Émetteurs

Sont autorisées à émettre des obligations les personnes morales suivantes :
- les sociétés par actions ;
- les GIE dont les membres sont exclusivement des sociétés par actions ;
- les associations exerçant une activité économique ;
- l'État et les personnes morales de droit public ;
- les sociétés d'économie mixte ;
- certaines SARL.

Le capital de l'émetteur doit être **entièrement libéré**.

▶ Éléments caractéristiques des obligations

- **Valeur nominale**

Quotient du principal de l'emprunt par le nombre d'obligations émises. La valeur nominale est librement fixée par l'émetteur.

- **Taux d'intérêt nominal**

Le taux nominal (ou taux facial) est le taux qui, appliqué à la valeur nominale, donne le montant du coupon (c'est-à-dire de l'intérêt produit par l'obligation).

Ce taux peut être :
- **fixe** (le plus souvent) ;
- **variable** (il varie au jour le jour) ;
- **révisable** (il est modifié annuellement).

• **Taux actuariel**

Le taux actuariel est le taux de rendement annuel brut (avant impôts) qui réalise l'équivalence entre le prix d'acquisition de l'obligation et les annuités de remboursement (intérêts et amortissement du principal).

• **Prix d'émission**

Le prix d'émission de l'obligation peut être en dessous du pair, c'est-à-dire inférieur à la valeur nominale (l'inverse, très rare est également possible).

• **Prix de remboursement**

Le montant remboursé à l'échéance peut être supérieur à la valeur nominale.

• **Prime d'émission et prime de remboursement**

Prime d'émission = valeur nominale – prix d'émission.

Prime de remboursement = prix de remboursement – valeur nominale.

• **Cotation des obligations**

Les obligations peuvent faire l'objet d'une cotation sur un marché réglementé. Le cours est indiqué en **pourcentage du nominal** et au pied du coupon.

Le cours des obligations à **taux fixe** évolue en fonction inverse des taux d'intérêts du marché et de la proximité de l'échéance (ou « maturité » de l'obligation).

Au contraire, le prix des obligations à **taux variable** est peu volatil.

D'autres paramètres, comme la notation attribuée à l'émetteur par une agence spécialisée (*rating*) influent aussi bien sur le cours des obligations à taux fixe que sur celui des obligations à taux variable ou révisable.

• **Amortissement des obligations**

Il existe deux modes ordinaires d'amortissement, c'est-à-dire de remboursement du « principal » de l'emprunt :

- le remboursement ***in fine*** (le plus fréquent),
- le remboursement par **amortissements constants** (une tranche comprenant un nombre égal d'obligations, est tirée au sort chaque année pour être amortie).

Ces conditions de remboursement doivent être prévues dans le **contrat d'émission**.

Remarque. Le remboursement par annuités constantes est techniquement irréalisable en France.

• **Durée de vie**

Entre **7 et 10 ans** pour les obligations émises par les **entreprises**,

Entre **7** et **15 ans** pour les obligations émises par **l'État**.

▶ **Particularités de certaines obligations**

• **Obligations à fenêtres**

Le remboursement peut être anticipé pendant des périodes appelées fenêtres. Si le remboursement est demandé par la société émettrice, il s'accompagne d'une

17 FICHE

prime ; s'il est proposé par l'obligataire, celui-ci est pénalisé par la remise d'un coupon réduit.

- **Obligations à coupon zéro**

Aucun coupon n'est versé durant toute la durée de vie de l'obligation. Ces obligations sont remboursées avec une forte prime de remboursement. La plus-value réalisée par le porteur compense l'absence de coupon pendant la vie de l'obligation.

FICHE 17

- **Obligations assimilables du Trésor (OAT)**

Titres de créance qui représentent une part d'un emprunt à long terme que l'État français émet par adjudication. L'État s'engage à rembourser ces obligations en une seule fois à une échéance de sept à trente ans.

- **Titres subordonnés**

Valeurs mobilières semblables à des obligations qui, en cas de liquidation de la société émettrice, ne sont remboursées que si tous les autres créanciers de la société l'ont été préalablement : on parle de dette subordonnée ou dette d'avant-dernier rang.

Remarque. On distingue essentiellement deux catégories de titres subordonnés :
- les TSR (titres subordonnés remboursables) ;
- les TSDI (titres subordonnés à durée indéterminée), dits aussi « obligations perpétuelles ».

Les **TSR** représentent une **dette** au même titre que les obligations ordinaires. En revanche, comme la société émettrice n'est pas juridiquement obligée de rembourser les **TSDI**, on classe en France les TSDI dans la rubrique des **« Autres fonds propres »**. Les TSDI répondent à la définition des **« instruments de capitaux propres »**, donnée par la norme comptable internationale IAS 32.

▶ Modalités de l'émission des obligations

- **Compétence**

Obligations ordinaires → conseil d'administration, directoire ou gérant.

Obligations donnant accès au capital → assemblée générale extraordinaire.

- **Publicité**

En cas d'émission publique, les formalités obligatoires avant le début des opérations de souscription, sont les suivantes :
- insertion au BALO ;
- publication d'un prospectus visé par l'AMF ;
- publication facultative de prospectus ou de documents, devant mentionner l'existence du prospectus visé par l'AMF.

▶ Droits des obligataires

Droit au remboursement des obligations

Droit aux intérêts

Droit de céder ses titres (les obligations sont des **titres négociables**.)

▶ Protection des intérêts des obligataires

• Masse des obligataires

Les porteurs d'obligations d'une même émission sont groupés en une **masse** qui jouit de la personnalité civile.

• Représentants de la masse des obligataires

La masse est représentée par un à trois mandataires (personnes physiques ou morales) élus par l'assemblée générale des obligataires.

• Assemblée générale des obligataires

La convocation des assemblées générales d'obligataires est faite dans les mêmes conditions de forme et de délai que celle des assemblées d'actionnaires.

Une société qui détient au moins 10 % du capital de la société débitrice ne peut voter à l'assemblée avec les obligations qu'elle détient.

• Autorisation de l'assemblée des obligataires pour des modifications du contrat

L'assemblée générale délibère sur toutes mesures ayant pour objet d'assurer la défense des obligataires et **l'exécution du contrat** d'emprunt ainsi que sur toute proposition tendant à **la modification du contrat**.

• Opposition aux réductions de capital non motivées par des pertes

En cas de réduction de capital **non motivée par des pertes**, le représentant de la masse des obligataires et les créanciers peuvent former opposition à la réduction.

B. Valeurs mobilières donnant accès au capital

▶ Notion de titre hybride

Les valeurs mobilières donnant accès au capital sont des titres hybrides contenant à la fois :

- une composante de **capitaux propres** (titres assortis d'une option de souscription d'actions)
- et une composante d'**emprunt** (remboursement à l'échéance sur demande de leur détenteur).

Il appartient aux statuts et aux contrats d'émission de préciser, au cas par cas, les modalités applicables à telle ou telle valeur mobilière donnant accès au capital.

▶ Typologie

Cette typologie n'a pas de valeur légale mais la pratique identifie les valeurs mobilières donnant accès au capital, en fonction de leurs caractéristiques principales.

• Obligations convertibles en actions (OCA)

Ce sont des obligations ordinaires assorties d'une option de conversion de l'obligation en actions. La conversion peut être réalisée à tout moment ou à des dates déterminées à l'avance par l'émetteur.

FICHE 17

- **Emprunts remboursables en actions (ORA)**

Les obligations sont nécessairement remboursées en actions. Ces titres donnent bien « accès au capital » mais ils n'ont pas de composante emprunt en raison de la certitude de l'échange contre des actions.

- **Obligations à bons de souscription d'actions (OBSA)**

Ce sont des obligations assorties d'une option d'achat d'actions. L'obligation et le bon de souscription sont cotés séparément. Après l'exercice des bons, les obligations continuent d'exister à côté des nouvelles actions.

▶ Émission

La décision d'émission de valeurs mobilières donnant accès au capital est prise par **l'assemblée générale extraordinaire**. On applique les règles prévues pour les augmentations de capital par émission d'actions ordinaires.

▶ Protection des porteurs

- **Opérations interdites**

À dater de l'émission de valeurs mobilières donnant accès au capital, la société ne peut :

– modifier sa forme ou son objet ;

– modifier les règles de répartition de ses bénéfices ;

– amortir son capital.

Ces opérations peuvent cependant être autorisées par le contrat d'émission ou par la masse des porteurs.

- **Opérations portant sur le capital**

Des mesures nécessaires à la protection des intérêts des titulaires de valeurs mobilières, donnant accès au capital doivent être prises par la société lorsqu'elle décide de :

– émettre de nouveaux titres de capital avec droit préférentiel de souscription ;

– distribuer des réserves ou des primes d'émission ;

– modifier la répartition de ses bénéfices par la création d'actions de préférence.

- **Réduction du capital social**

En cas de réduction de capital **motivée par des pertes**, les droits des titulaires des valeurs mobilières donnant accès au capital sont réduits en conséquence.

▶ Valeurs mobilières donnant droit à l'attribution de titres de créances

Les **« valeurs mobilières donnant droit à l'attribution de titres de créances »** ont remplacé en pratique l'ancienne catégorie des *obligations à bons de souscription d'obligations* (OBSO). Ce sont des titres d'emprunt donnant droit à d'autres titres d'emprunt.

L'émission des *valeurs mobilières donnant droit à l'attribution de titres de créance* est autorisée par l'**assemblée générale extraordinaire** dans les mêmes formes que l'émission des *valeurs mobilières donnant accès au capital*.

C. Fiscalité des emprunts obligataires

▶ Situation de la société émettrice

• Intérêts des emprunts

Les intérêts sont en principe **déductibles** sur les résultats de l'exercice au cours duquel ils ont **couru**.

Attention. Les sociétés soumises à l'IS dont le chiffre d'affaires atteint 3 M€ ne peuvent déduire que 75 % de leurs charges financières nettes.

• Primes de remboursement

– Définition fiscale : prime de remboursement = prix de remboursement – prix d'émission (quelle que soit la valeur nominale).

– Cas général : l'amortissement annuel des primes de remboursement est déductible (sous réserve de la limitation générale de la déductibilité des charges financières nettes), au choix de l'entreprise : au prorata des intérêts courus ou par fractions égales au prorata de la durée de l'emprunt.

– Cas des fortes primes de remboursement : les primes de remboursement dont le montant est supérieur à 10 % du prix d'émission, sont déductibles (sous réserve de la limitation générale de la déductibilité des charges financières nettes) pour la fraction courue, calculée de manière actuarielle par la méthode des intérêts composés.

– Primes de conversion des obligations convertibles : la prime de remboursement afférente aux obligations converties en actions n'est pas déductible.

• Frais d'émission des emprunts

Les frais d'émission d'emprunt (publicité, commissions aux intermédiaires financiers) sont :

– en principe immédiatement déductibles ;

– ou étalés sur la durée de vie de l'emprunt de manière linéaire ou au prorata des intérêts courus ; l'option est globale et irrévocable pour une durée de deux ans.

▶ Situation des détenteurs des obligations

• Définition fiscale de la prime de remboursement

Pour l'**imposition du détenteur des obligations** (personne physique ou société) qui détient les titres :

prime de remboursement = prix de remboursement – prix d'acquisition ou de souscription.

• Personnes physiques

Les intérêts des obligations et les primes de remboursement, **encaissés au cours de l'année**, sont imposables à l'IR dans la catégorie des revenus des capitaux mobiliers.

Ces mêmes produits sont soumis à un prélèvement à valoir sur l'IR (taux 24 % + 15,5 % de prélèvements sociaux).

• **Sociétés soumises à l'IS**

Les produits des obligations sont en principe rattachés au bénéfice imposable, et sont imposés à l'IS.

– *Cas général* : les intérêts des placements à revenus fixes sont rattachés au résultat de l'exercice au cours duquel ils ont couru. Les primes de remboursement sont rattachées au résultat de l'exercice au cours duquel leur remboursement est venu à échéance.

– *Cas des fortes primes de remboursement* : les primes de remboursement et les intérêts versés chaque année sont imposés au titre de chaque exercice, après une répartition actuarielle, lorsque les conditions suivantes sont réunies : la prime excède 10 % du prix d'acquisition du titre ; la prime s'attache à un titre dont le prix d'émission n'excède pas 90 % du prix de remboursement.

II ▶ Contrats de financement

A. Contrats de prêt et de découvert

▶ Contrat de prêt en argent

• **Définition**

Le **prêt en argent** est une convention par laquelle une personne (le **prêteur**) remet une somme d'argent à une autre personne (l'**emprunteur** ou **bénéficiaire**) ; cette dernière s'engage à rembourser une somme identique augmentée d'un intérêt, à une date convenue.

• **Durée du prêt**

Le prêt sera remboursé au terme convenu. Le terme est présumé en faveur du débiteur sauf stipulation contraire. Ceci autorise, en principe, le débiteur à rembourser le prêt par anticipation.

• **Remboursement du prêt**

Les prêts accordés aux personnes morales ainsi qu'aux personnes physiques pour les besoins de leur activité professionnelle, peuvent être indexés sur le niveau général des prix.

• **Sanction du défaut de paiement**

Le défaut de paiement des intérêts ou d'une annuité de remboursement est généralement sanctionné par l'exigibilité immédiate de la totalité de la créance (déchéance du terme). Le juge peut cependant reporter ou échelonner le paiement des sommes dues, dans la limite de deux années. Il peut aussi prescrire une réduction du taux d'intérêt ou que les paiements s'imputeront d'abord sur le capital.

• **Taux d'intérêt**

Le taux de l'intérêt conventionnel doit être fixé par écrit.

L'indexation du taux sur un taux de référence, dit « taux de base bancaire », fixé unilatéralement par la banque, est admise.

▶ Découvert en compte courant

Dans le découvert, il n'y a pas de remise de fonds (alors que, lorsqu'elle prête de l'argent, la banque remet des fonds à l'emprunteur.

- **Forme de l'engagement**

L'engagement de découvert peut être implicite ou constaté par écrit.

- **Durée du découvert**

Le découvert en compte peut être à durée déterminée ou à durée indéterminée.

Le découvert à durée **indéterminée** ne peut être réduit ou interrompu que sur notification écrite et à l'expiration d'un **délai de préavis**.

- **Taux d'intérêt**

Taux effectif global (TEG) comprend les frais, commissions ou rémunérations de toute nature, directs ou indirects, y compris ceux qui sont payés ou dus à des intermédiaires.

Le TEG doit être mentionné **sur les relevés périodiques** reçus par l'emprunteur.

La convention peut prévoir que les intérêts dus pour une année entière seront **capitalisés**.

Pour les découverts en compte consentis à des professionnels, constitue un **prêt usuraire** tout prêt consenti à un TEG qui excède de plus du tiers, le taux effectif moyen pratiqué au cours du trimestre précédent par les établissements de crédit pour des opérations analogues.

B. Crédit-bail

▶ Définition et formes particulières

Les opérations de crédit-bail sont les opérations de **location** qui réunissent les caractéristiques suivantes :

- Les biens loués sont :
  - des biens d'équipement, de matériel ou d'outillage ;
  - ou de biens immobiliers à usage professionnel ;
  - ou d'un fonds de commerce ou d'un fonds artisanal (ou d'un élément incorporel du fonds).
- Ces biens sont **achetés** en vue de cette location par des entreprises qui en **demeurent propriétaires**.
- Le locataire a la **possibilité d'acquérir**, en fin de bail, les biens loués moyennant un prix convenu.

L'opération de crédit-bail fait intervenir trois parties : le fournisseur du bien, le crédit-bailleur (établissement de crédit) et le crédit-preneur (locataire utilisateur du bien).

Les opérations de crédit-bail ne peuvent être faites, *à titre habituel*, que par des **établissements de crédit**.

▶ **Contrat de crédit-bail**

- **Durée du contrat**

La liberté est la règle bien qu'elle soit en fait limitée par une contrainte fiscale (amortissement fiscal du bien par le crédit-bailleur sur la « durée d'usage »).

- **Promesse de vente**

Le contrat contient, de la part du crédit-bailleur, une **promesse unilatérale de vente** à un prix convenu, au crédit-preneur au terme du contrat.

- **Résiliation du contrat**

Le contrat est résilié de plein droit dans les cas suivants :

– résolution du contrat de vente ;

– manquement du crédit-preneur à ses obligations contractuelles (non-paiement du loyer) ;

– événement (sinistre total) rendant impossible la jouissance du bien loué ;

– dissolution de la personne morale locataire.

Les contrats de **crédit-bail immobilier** doivent comporter une clause prévoyant les **conditions de résiliation** à la demande du crédit-preneur.

▶ **Effets du crédit-bail entre les parties**

- **Obligations du crédit-bailleur**

– *Obligations générales du bailleur :* en principe, les bailleurs assument les obligations de **délivrance**, de **jouissance paisible** et de **garantie** du bien loué.

En pratique, les clauses du contrat déchargent le crédit-bailleur des obligations de délivrance et de garantie. Il est stipulé que le crédit-preneur reçoit mandat de s'adresser directement au fournisseur pour obtenir la livraison du bien ; bénéficie du transfert, par le crédit-bailleur, des actions en garantie contre le fournisseur ; assume la charge de l'entretien du bien loué.

– *Obligation de conseil de l'établissement de crédit :* comme tout établissement de crédit, le crédit-bailleur a des obligations de prudence, d'information et de conseil.

– *Obligations propres au crédit-bail immobilier :*

Dommages causés aux tiers : le crédit-bailleur demeure responsable à l'égard des tiers des **dommages causés par l'immeuble**.

Indemnisation du crédit-preneur : le crédit-bailleur doit allouer une indemnité au crédit-preneur pour les **constructions nouvelles** réalisées au cours du crédit-bail par le crédit-preneur.

- **Obligations du crédit-preneur**

Utilisation du bien loué en bon père de famille ; le crédit-preneur n'a pas le droit de sous-louer (sauf dans le cas d'un crédit-bail adossé)

Paiement des loyers ;

Assurance du bien loué ;

Obligation de restitution du bien loué.

• **Garanties contre les défaillances du crédit-preneur**

– *Garanties conventionnelles*

Le crédit-bailleur exige souvent les garanties conventionnelles ci-après : la **caution** des dirigeants ou de la société mère de la société locataire ; une **assurance-vie** sur la tête des responsables de la société locataire ; l'obligation pour le crédit-preneur de verser un **dépôt de garantie** ; clause pénale pour le cas d'inexécution des obligations du crédit-preneur.

– *Garantie légale en cas de redressement ou de liquidation judiciaire du crédit-preneur :* le crédit-bailleur peut **revendiquer la propriété** du bien en cas de redressement ou de liquidation judiciaire. Ce droit est subordonné à l'accomplissement de formalités de **publicité**.

FICHE 17

▶ **Publicité et effets du crédit-bail à l'égard des tiers**

• **Publicité du crédit-bail mobilier**

La publicité du crédit-bail mobilier est **obligatoire**. Elle doit être renouvelée après cinq ans.

• **Publicité du crédit-bail immobilier**

La publicité du crédit-bail immobilier est en principe **obligatoire** pour les contrats conclus pour une durée **supérieure à douze ans**.

• **Informations dans l'annexe des comptes annuels du crédit-preneur**

• **Effet du crédit-bail à l'égard du bailleur d'immeuble**

Le privilège du bailleur d'immeuble ne s'étend pas aux meubles qui sont l'objet d'un crédit-bail.

• **Effet du crédit-bail à l'égard de l'acquéreur et du sous-acquéreur**

Si le crédit-preneur vend le bien loué en fraude des droits du crédit-bailleur, il s'expose aux sanctions de **l'abus de confiance**. Le crédit-bailleur peut revendiquer le bien en possession de l'acquéreur, présumé de mauvaise foi du fait de la publicité.

▶ **Fiscalité du crédit-bail**

• **Déductibilité des loyers par le crédit-preneur**

Les loyers à la charge du crédit-preneur sont déductibles sous réserve des restrictions suivantes.

– *Limitation générale de la déductibilité des charges financières* : la partie du loyer correspondant aux charges financières est incluse dans les charges financières nettes qui ne sont déductibles que pour 75 % de leur montant si le total des charges financières nettes de la société est supérieur à 3 M€.

– *Voitures particulières :* n'est pas déductible la fraction du loyer correspondant à l'amortissement pratiqué par le bailleur pour la fraction du prix d'achat de la voiture qui excède 18 300 € (ou 9 900 € pour les voitures dont les émissions de CO_2 sont > 200 g/km).

– *Fonds de commerce :* n'est pas déductible la fraction du loyer correspondant au prix d'acquisition du fonds par le bailleur.
– *Immeubles :* n'est pas déductible l'excédent du prix d'acquisition du terrain par le bailleur sur le prix d'exercice de l'option d'achat.

• **Achat d'un contrat de crédit-bail**

Le prix d'acquisition d'un contrat en cours est immobilisé par l'acquéreur du contrat. Il est amorti selon le mode linéaire sur la durée d'usage fiscale résiduelle du bien loué, appréciée à la date de rachat du contrat (indépendamment de la durée du contrat).

Dans le cas d'un **crédit-bail immobilier**, n'est pas amortissable la fraction du prix d'acquisition du contrat égale à la valeur actuelle du terrain, augmentée des loyers non déduits, diminuée de la valeur du terrain au début du contrat avec le crédit-bailleur.

• **Cession d'un contrat de crédit-bail**

La cession d'un contrat en cours (avec l'accord du crédit-bailleur) est une cession d'immobilisation susceptible de générer une **plus (ou moins) value de cession**.

• **Exercice de l'option d'achat au terme du contrat**

Le crédit-preneur qui exerce son option d'achat, immobilise le bien pour le prix d'exercice HT de l'option. Il l'amortit selon le mode linéaire sur la durée d'usage du bien acquis, appréciée à la date de levée de l'option.

• **Cession ultérieure d'un bien acquis lors de la levée de l'option**

Le régime des plus-values professionnelles est applicable.

• **TVA**

Les opérations de **crédit-bail mobilier** sont soumises à la TVA. Il est cependant admis que le versement du dépôt de garantie échappe à la TVA.

Les loyers des **immeubles** nus et terrains non aménagés sont exonérés de la TVA.

• **Droits d'enregistrement**

La publicité obligatoire des contrats de **crédit-bail immobilier** d'une durée **supérieure à douze ans** est soumise à la taxe de publicité foncière.

Lorsque l'immeuble n'est pas neuf, son acquisition par le crédit-preneur donne lieu à la **taxe de publicité foncière** calculée sur le prix de levée de l'option.

La **cession d'un contrat de crédit-bail immobilier** est assimilée à la cession de l'immeuble. Elle supporte le droit de publicité foncière (ou la TVA immobilière).

III ▶ Garanties du crédit

Les sûretés sont des techniques juridiques destinées à assurer le règlement des créances pour le cas où le débiteur ne disposerait pas d'un patrimoine suffisant pour désintéresser l'ensemble de ses créanciers.

A. Sûretés personnelles

Les sûretés personnelles, fondées sur le droit des obligations, ajoutent un ou plusieurs débiteurs au débiteur principal.

▶ Cautionnement

• Définition et caractéristiques

Le cautionnement est l'engagement d'une personne physique ou morale, dénommée la caution, d'exécuter une obligation en cas de défaillance du débiteur de cette obligation.

– acte **écrit.**

– contrat **accessoire** au contrat principal ce qui suppose :

– l'existence d'une **obligation principale valable** à garantir ;

– la **limitation de l'engagement** au montant de la dette du débiteur principal ;

– possibilité, pour la caution, d'opposer les exceptions **inhérentes** à la dette du débiteur principal.

• Bénéfices de discussion et de division

– Le bénéfice de **discussion** signifie que les biens du débiteur principal doivent être saisis et vendus avant que la caution soit obligée de payer.

– Quand il y a plusieurs cautions, le bénéfice de **division** signifie que le créancier doit « diviser » son action et la réduire à la part de chacune des cautions.

La caution peut renoncer aux bénéfices de discussion et de division. Elle est privée de ces bénéfices s'il y a **solidarité** (présumée si le cautionnement est commercial).

• Effets du cautionnement entre le débiteur principal et la caution

– **Recours personnel** de la caution contre le débiteur principal.

– **Subrogation** de la caution dans les droits du créancier contre le débiteur.

• Effets du cautionnement entre les cautions

La caution qui a acquitté la dette a recours contre les autres cautions (les cofidéjusseurs), chacune pour sa part.

▶ Garantie du passif

Lors d'une cession de titres (droits sociaux) : le cédant s'engage envers le cessionnaire à payer les dettes existantes dans la société avant la date de cession des titres.

Le cédant est engagé pour les dettes nées lorsqu'il était associé.

▶ Lettre d'intention

C'est l'engagement de faire ou de ne pas faire : il a pour objet le soutien apporté à un débiteur dans l'exécution de son obligation envers son créancier.

On distingue deux cas d'utilisation :

– entre deux sociétés : une société mère et une société filiale ;

– un dirigeant au profit de sa société.

L'étendue de la garantie doit être précisée dans la lettre ; et en particulier, il est important d'indiquer s'il s'agit d'une obligation de moyens ou de résultat.

B. Sûretés réelles

Fondées sur le droit des biens, elles accordent au créancier un droit réel accessoire sur des biens du débiteur (ou d'un tiers).

► Hypothèque conventionnelle

L'hypothèque est un droit réel accessoire constitué sur un **bien immeuble**, qui est affectée au paiement d'une dette.

- Constituée par acte notarié.
- Publicité par inscription au bureau des hypothèques. C'est la date d'inscription qui détermine le rang de l'hypothèque. La durée maximale d'une hypothèque est de 50 ans.
- Absence de dépossession du propriétaire de l'immeuble.

• **Effets de l'hypothèque à l'égard des tiers**

Le créancier hypothécaire dispose :

- d'un **droit de préférence** (droit d'être payé sur le prix de l'immeuble avant les autres créanciers) ;
- d'un **droit de suite** (droit de saisir l'immeuble entre les mains d'un tiers détenteur).

► Nantissement conventionnel du fonds de commerce

C'est un contrat par lequel le débiteur donne en garantie de sa dette à son créancier son fonds de commerce ou un élément du fonds. C'est un nantissement sans dépossession.

- Acte écrit
- Publicité par inscription sur un registre spécial au greffe du tribunal de commerce, pour être opposable aux tiers.
- Absence de dépossession
- Droit de préférence et droit de suite du créancier nanti.
- Protection du créancier : le commerçant débiteur doit lui demander l'autorisation de déspécialiser le bail ou de déplacer le fonds de commerce.

► Nantissement de l'outillage et du matériel d'équipement (ou nantissement des biens d'équipement professionnel)

Gage sans dépossession.

Objet : garantir le paiement du prix d'acquisition de l'outillage et du matériel ; la garantie bénéficie au vendeur à crédit ou au prêteur de fonds.

Acte écrit enregistré.

Inscrit sur un **registre spécial** tenu au greffe du tribunal de commerce, pour être opposable aux tiers.

Droit de préférence et droit de suite du créancier nanti.

FICHE 17

MÉMO

- **Obligations (définitions)**

Coupons d'intérêts = Valeur nominale × taux nominal

Annuité de remboursement = intérêts + amortissement

Prime d'émission = valeur nominale – prix d'émission.

Prime de remboursement = prix de remboursement – valeur nominale

- **Modes de financement par endettement**

Marché financier	Emprunts	Emprunts obligataires
		Valeurs mobilières donnant droit à l'attribution de titres de créances
	Titres hybrides	Valeurs mobilières donnant accès au capital
Financement bancaire	Contrats de prêts	
	Contrats de découvert	
	Crédit-bail	

- **Sûretés**

– Sûretés personnelles : cautionnement, garantie du passif, lettre d'intention.

– Sûretés réelles : hypothèque conventionnelle d'un bien immeuble, nantissement conventionnel d'un bien meuble incorporel (fonds de commerce, nantissement de l'outillage et du matériel d'équipement).

Fusions et scissions

FICHE 18

Les fusions de sociétés sont l'un des instruments de la croissance externe. Les scissions et les apports partiels d'actif présentent de grandes analogies avec les fusions, tant sur le plan juridique que celui de la technique comptable et même en ce qui concerne les objectifs économiques.
Le législateur a institué un régime fiscal allégé pour favoriser ces opérations.

I ▶ Définitions

A. Fusion

La fusion est l'opération par laquelle **deux sociétés se réunissent pour n'en former qu'une seule**. La fusion peut résulter :

– soit de la **création d'une société nouvelle** par plusieurs sociétés existantes ;

– soit de **l'absorption** d'une société par une autre.

B. Scission

Il y a scission lorsque le patrimoine d'une société « scindée » **se divise en plusieurs fractions** dont chacune forme le patrimoine d'une société existante ou nouvelle.

Remarque. La fusion-scission est une combinaison des deux formules précédentes.

C. Apport partiel d'actif

L'apport partiel d'actif est l'opération par laquelle une société fait apport à une autre d'**une partie de ses éléments d'actif** et reçoit, en échange, des **titres émis par la société bénéficiaire** des apports.

II ▶ Conséquences juridiques des fusions et des scissions

A. Transmission universelle du patrimoine

Les opérations de fusion et de scission entraînent la **transmission universelle du patrimoine** (TUP) en l'état et sans aucune modification. La TUP emporte transmission de **l'ensemble des éléments d'actif et de passif composant le patrimoine d'une société** absorbée ou scindée. Cette transmission s'opère au profit d'une ou plusieurs autres sociétés. Sont notamment transmis :

- les **biens** immeubles ou meubles, en particulier :

– les droits patrimoniaux (réels, personnels, intellectuels) ;

– le droit d'ester en justice ;

– le fonds de commerce ;

– les droits sociaux (titres en portefeuille) ;

– les contrats (sauf ceux conclu *intuitu personae*) ;

– les titres et les créances.

• le **passif** de la société absorbée ou scindée qui est pris en charge par les sociétés absorbantes ou nouvelles. Ceci s'étend aux cautions dont la société apporteuse est débitrice. En cas de **scission**, le contrat doit prévoir **la répartition du passif** de la société scindée entre les sociétés bénéficiaires des apports.

B. Dissolution sans liquidation de la société absorbée ou scindée

Les opérations de fusion et de scission entraînent **la dissolution sans liquidation** de la société absorbée ou scindée, sans survie possible de la personnalité morale pour les besoins de la liquidation.

Remarque. Contrairement aux autres cas de dissolution, **il n'y a pas lieu de procéder à la liquidation** de la société absorbée ou scindée ni de nommer des liquidateurs.

C. Échange de droits sociaux (parts sociales et actions)

Il ne peut y avoir fusion ou scission que si l'apport net (après déduction du passif) est rémunéré par des droits sociaux.

Exception. Le versement **d'une soulte en espèces** ne fait pas perdre à l'opération son caractère de fusion ou de scission à condition que cette soulte ne dépasse pas **10 % de la valeur nominale** des parts ou actions attribués.

III ▶ Réalisation des fusions ou des scissions

A. Préparation de l'opération

▶ Détermination des conditions financières de l'opération

La valeur estimée de chaque société est divisée par le nombre d'actions ou de parts sociales composant le capital social. Le quotient obtenu détermine une **valeur unitaire de chaque titre**. Le rapport arithmétique entre ces valeurs unitaires donne une parité théorique d'échange des titres.

La **parité d'échange** définitive est alors arrêtée. Elle doit en principe être équitable. On tient compte, non seulement des estimations, mais aussi d'autres considérations.

La parité retenue permet le calcul du **nombre des actions nouvelles** émises par la société absorbante ou nouvelle en vue de leur attribution aux actionnaires de la société absorbée ou scindée.

Exemple

La société A absorbe la société B.

Nombres d'actions de la société A, 20 000 ; de la société B, 12 000.

Valeur nominale des actions A, 200 € ; des actions B, 100 €.

Évaluation des actions A, 746 € ; des actions B, 253 €.

Parité = rapport d'échange = $\frac{746}{253}$ = 2,95 arrondi à 3.

Échange de 3 actions B contre 1 action A plus une soulte de 253 × 3 - 746 = 13 €, soit au total, échange des 12 000 actions B contre 4 000 actions A plus une soulte de 13 × 4 000 = 52 000 €.

Remarquons que la soulte (52 000 €) n'excède pas 10 % de la valeur nominale des actions A émises (10 % × 4 000 × 200 € = 80 000 €).

Prime de fusion = valeur des apports de la société absorbée ou scindée – montant nominal de l'augmentation de capital.

▶ **Projet de fusion ou de scission**

• **Contenu**

Le projet de fusion ou de scission doit contenir notamment les indications suivantes :

– la **forme**, la **dénomination** et le **siège social** de toutes les sociétés participantes ;
– les **motifs**, **buts** et **conditions** de l'opération ;
– les **dates** auxquelles ont été **arrêtés** les **comptes** des sociétés intéressées ;
– **la désignation et l'évaluation** de **l'actif** et du **passif** dont la transmission est prévue ;
– **la parité d'échange** des droits sociaux et, le cas échéant, le montant de la soulte ;
– le montant de la **prime de fusion**.

• **Formalités**

Le projet est arrêté par le **conseil d'administration**, le directoire, le ou les gérants de chacune des sociétés participant à l'opération.

Il est signé par le **représentant légal de chacune des sociétés** participant à l'opération.

Il est déposé au **greffe du tribunal de commerce** du lieu du siège social de chacune des sociétés en cause. Un avis est inséré dans un **journal d'annonces légales** du département du siège social de chacune de ces sociétés.

B. Situations particulières

▶ **Fusions**

• **Intervention des commissaires à la fusion**

Lorsque la société absorbée et/ou la société absorbante est une **société par actions ou une SARL**, un ou plusieurs **commissaires à la fusion** désignés en justice, présentent aux associés :

– un rapport sur les **modalités de la fusion** ;
– et un rapport sur la **valeur des apports en nature**.

• **Décision des associés**

La décision des associés est prise par l'**assemblée générale extraordinaire** dans les **conditions** prévues pour la **modification des statuts**.

- **Absorption d'une filiale à 100 %**

L'absorption par une SA ou une SARL d'une ou plusieurs de ses filiales à 100 % est soumise à un régime simplifié (c. com., art. L. 236-11, L. 236-23 et L. 236-2). :

- **pas de réunion d'une assemblée générale de la société absorbée** ;
- **pas d'intervention d'un commissaire à la fusion** ;
- **pas de rapport du conseil d'administration, du directoire ou des gérants sur la fusion**. L'intervention d'un **commissaire aux apports** (au lieu d'un commissaire à la fusion) est alors obligatoire.

- **Publicité de la fusion**

Les sociétés concernées doivent suivre les règles applicables, suivant le cas, aux **publicités** :

- des **dissolutions de sociétés** (*société absorbée*) ;
- des **augmentations de capital** (*société absorbante*).
- des **constitutions de sociétés** (*société nouvelle*).

Une **déclaration de conformité** accompagnée de la **demande d'inscription modificative au RCS**, est déposée au greffe du tribunal de commerce.

▶ Scissions

- **Intervention des commissaires à la scission**

Un ou plusieurs commissaires à la scission, désignés en justice, vérifient la pertinence des valeurs relatives attribuées aux actions ou parts des sociétés participant à l'opération. Ils présentent **un rapport** sur les modalités de la scission. Ils exercent leur mission dans les conditions identiques à celles des commissaires à la fusion.

Remarque. On ne désigne pas de commissaire à la scission lorsque les deux conditions suivantes sont satisfaites :

- la scission est réalisée par **création de sociétés nouvelles** constituées sans autres apports que ceux de la société scindée ;
- et les actions ou parts sociales de chacune des sociétés nouvelles sont attribuées aux actionnaires ou associés de la société scindée **proportionnellement à leurs droits** dans le capital de cette société.

- **Décision des associés et publicité**

Voir les fusions.

▶ Apports partiels d'actif

- **Nature des apports**

L'apport partiel d'actif porte sur un ou plusieurs éléments isolés (*par exemple, un immeuble ou des titres en portefeuille*) ou sur un ensemble de biens (*par exemple, les éléments actifs et passifs d'une branche d'activité déterminée*).

- **Option pour le régime des scissions**

Les sociétés intéressées (sociétés anonymes ou SARL) peuvent soumettre l'opération d'apport partiel d'actif au régime juridique des scissions.

À défaut d'option pour le régime des scissions, l'apport est considéré comme un apport ordinaire n'entraînant pas de transmission universelle du patrimoine.

C. Date d'effet de la fusion ou de la scission

La fusion ou la scission prend effet :

- à la date **d'immatriculation au RCS**, de la nouvelle société ou de la dernière d'entre elles ;
- à la date de la **dernière assemblée générale** ayant approuvé l'opération concernée (fusion entre sociétés existantes).

Dans ce dernier cas, le contrat de fusion peut stipuler une date d'effet différente qui ne doit être :

- ni antérieure à la date de clôture du dernier exercice social clos de la société absorbée ou de la société scindée ;
- ni postérieure à la date de clôture de l'exercice social en cours de la ou des sociétés bénéficiaires.

IV ▶ Régime fiscal spécial des fusions

A. Impôt sur les sociétés

▶ Caractère optionnel

Le régime spécial est **optionnel**.

▶ Conditions d'application

• Conditions générales

Le régime spécial s'applique de plein droit aux **fusions** lorsque les conditions suivantes sont réunies.

- **Sociétés soumises à l'IS** : les participants à l'opération sont exclusivement des personnes morales passibles de l'**impôt sur les sociétés**.
- **Définition fiscale de la fusion** : l'opération doit répondre à la **définition fiscale** d'une **fusion** ou d'une **scission**. Cette définition se réfère aux caractéristiques suivantes : **dissolution** sans liquidation de la société absorbée ou scindée ; **transmission de l'ensemble du patrimoine** de la société absorbée ou scindée ; apports rémunérés par l'**attribution de titres** représentatifs du capital de la société absorbante aux associés de la société absorbée ou scindée ; **absence de soulte** ou attribution d'une **soulte ne dépassant pas 10 %** de la valeur nominale des titres remis par la société absorbante.
- **Localisation des sociétés participantes** : les sociétés participantes doivent avoir leur siège : dans l'**Union européenne** ; ou dans un État ou territoire ayant conclu avec la France une convention.

• **Conditions particulières applicables aux scissions et aux apports partiels d'actif**

Le régime fiscal spécial des fusions s'applique, suivant les cas, aux **scissions** et aux **apports partiels d'actif** de plein droit ou sur agrément.

– **Régime spécial de plein droit** : les conditions d'application particulières aux scissions et aux apports partiels d'actif, sont les suivantes : porter sur des branches complètes d'activité ; conserver les titres pendant trois ans.

– **Régime spécial sur agrément** : lorsque les conditions ci-dessus ne sont pas remplies, les scissions et les apports partiels d'actif peuvent néanmoins bénéficier, sur **agrément**, du régime spécial des fusions.

► **Conséquences pour la société absorbée, scindée ou apporteuse**

• **Exonération de la plus-value de fusion**

• **Moins-values nettes partielles**

La moins-value nette partielle dégagée sur l'apport des **immobilisations amortissables** peut être imputée :

– sur les bénéfices de la société absorbée ;

– ou reportée sur les bénéfices de la société absorbante (sans qu'il y ait besoin d'un agrément).

La moins-value nette partielle dégagée sur l'apport des **éléments non amortissables** ne peut pas être déduite par la société absorbée.

• **Provisions**

Seules les **provisions** devenues **sans objet** sont imposables au nom de la société absorbée.

• **Subventions d'investissement**

La fraction de subvention d'investissement non encore rapportée aux résultats de la société absorbée, peut être mise à la charge de la société absorbante.

• **Résultat de l'exercice de fusion**

Il est imposé immédiatement au nom de la société absorbée.

► **Obligations et droits de la société absorbante ou bénéficiaire des apports**

• **Différé d'imposition des plus-values**

– **Immobilisations amortissables** : la **plus-value nette** sur les immobilisations amortissables apportées par la société absorbée est réintégrée par **fractions égales sur cinq ans** (ou quinze ans pour les constructions). La **moins-value nette** sur les immobilisations amortissables peut être transférée à la société absorbante qui l'imputera sur ses propres résultats.

La société absorbante est autorisée à **amortir** les immobilisations amortissables sur la durée probable d'utilisation du bien apporté, **appréciée à la date de la fusion.** Le système d'**amortissement dégressif** est éventuellement

FICHE 18

applicable par dérogation à la règle de l'amortissement linéaire des biens d'occasion.

– **Immobilisations non amortissables et titres** : la plus-value sur l'apport des **immobilisations non amortissables** et des **titres** (immobilisés ou de placement) n'est pas imposée tant que la société absorbante conserve ces éléments dans ses actifs.

Si la société absorbante cède ces immobilisations non amortissables ou ces titres, elle calcule la **plus-value fiscale** d'après la valeur fiscale que ces éléments avaient dans la société absorbée.

Exemple

Soit une société A dont l'actif se compose notamment d'un terrain acquis pour 1 000 000 €. Le terrain a donné lieu à la constitution d'une dépréciation d'un montant égal à 200 000 €.

La société A est absorbée, sous le régime spécial des fusions, par une société B.

Le terrain est apporté pour 750 000 € et la moins-value de 50 000 € n'est pas déduite du résultat fiscal de la société absorbée A lors de la fusion.

Ultérieurement, la société B cède le terrain pour 1 100 000 €. La plus-value comptable est égale à 1 100 000 - 750 000 = 350 000 €.

La plus-value fiscale est déterminée par rapport à la valeur fiscale du terrain dans la société absorbée, soit 1 100 000 - 800 000 = 300 000 €.

Une déduction extra comptable de 50 000 € doit être opérée.

– **Éléments de l'actif circulant (autres que les titres)** : la société absorbante doit inscrire à son bilan les éléments autres que les immobilisations (et que les titres) pour la valeur fiscale qu'ils avaient dans la comptabilité de la société absorbée.

- **Apports à la valeur nette comptable**

Quand les apports sont valorisés à la **valeur nette comptable**, la société absorbante doit **reprendre à son bilan les comptes de la société absorbée** (valeur brute, amortissements, dépréciations, provisions pour dépréciation) et elle continue à **calculer les dotations aux amortissements** à partir de la valeur amortissable des biens dans la société absorbée.

- **Reprise des provisions de la société absorbée**

La société absorbante **inscrit au passif** de son bilan, les **provisions** qui figuraient au passif de la société absorbée.

Les provisions réglementées sont imputées sur d'autres **postes de capitaux propres** (prime de fusion ou, à défaut, réserves).

Remarque. L'obligation de reprendre au passif les provisions réglementées ne s'étend pas aux **amortissements dérogatoires** ni aux **subventions d'investissement**.

- **Report des déficits fiscaux**

Les déficits fiscaux de la société absorbée peuvent être transférés à la société absorbante sous réserve de l'obtention d'un **agrément** préalable.

La **créance** résultant du report en arrière des déficits, peut être transmise de plein droit.

- **Annulation des titres sociaux des sociétés participant à la fusion**

– Société absorbante détenant des titres de la société absorbée : la plus-value dégagée par l'annulation de ces titres est exonérée d'IS.

– Société absorbée détenant des titres de la société absorbante : la plus-value dégagée par l'annulation de ces titres est exonérée d'IS.

B. Droits d'enregistrement

▶ Caractère optionnel

Le régime de faveur est **optionnel**. L'option est indépendante de celle effectuée en matière d'impôt sur les sociétés.

▶ Conditions d'application

- **Conditions générales**

Le régime spécial s'applique aux **fusions** lorsque les conditions suivantes sont réunies.

– **Sociétés soumises à l'IS** : les participants à l'opération sont exclusivement des personnes morales passibles de l'**impôt sur les sociétés**.

Le régime spécial s'applique aussi quand la société apporteuse n'est pas passible de l'IS mais, dans ce cas : à la condition que l'apporteur prenne l'engagement de conserver pendant trois ans les titres reçus en contrepartie des apports portant sur des **immeubles** ou un **fonds de commerce** ; sans condition à concurrence des apports portant sur d'autres biens.

– **Définition fiscale de la fusion** : l'opération doit répondre à la définition fiscale d'une fusion. Cette définition se réfère aux caractéristiques suivantes : **transfert de l'ensemble de l'actif et du passif** d'une ou plusieurs sociétés à une société nouvelle ou préexistante ; **dissolution** des sociétés apporteuses ; apports rémunérés par l'**attribution de titres** représentatifs du capital de la société absorbante ; **soulte ne dépassant pas 10 %** de la valeur nominale des titres remis par la société absorbante.

- **Conditions applicables aux scissions et aux apports partiels d'actif**

Le régime fiscal spécial des fusions s'applique aux **scissions** et aux **apports partiels d'actif**.

– **Scissions** : aucune condition particulière.

– **Apports partiels d'actif** : l'apport partiel d'actif doit porter sur une ou plusieurs **branches complètes d'activité**. Lorsque cette condition n'est pas remplie, les apports partiels d'actif peuvent néanmoins bénéficier, sur **agrément**, du régime spécial.

▶ Tarif des droits

- **Apports purs et simples**

Les apports purs et simples sont soumis au **droit fixe**.

FICHE 18

- **Apports à titre onéreux**

Les apports à titres onéreux sont **exonérés** quand ils consistent en la **prise en charge d'un passif**.

Les apports à titres onéreux ayant une autre contrepartie que la prise en charge d'un passif, sont soumis au droit proportionnel de mutation correspondant à la nature des biens apportés.

Fusion

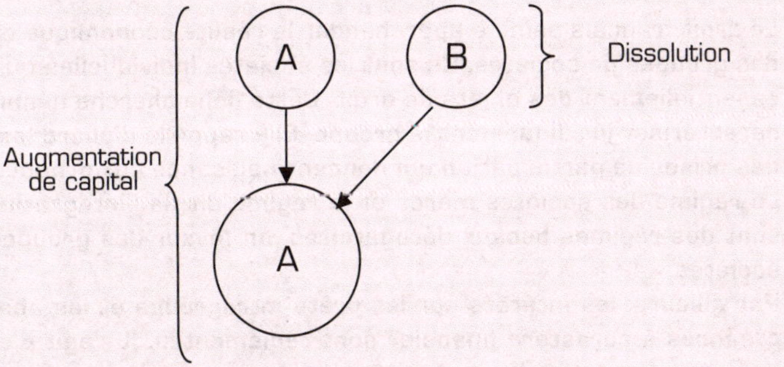

Scission

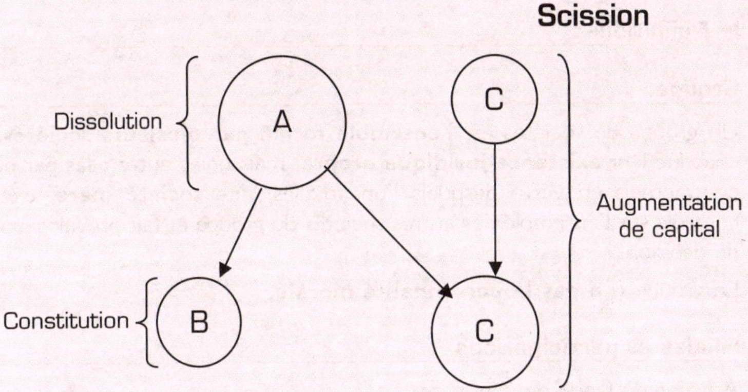

Apport partiel d'actif (avec option pour le régime des scissions)

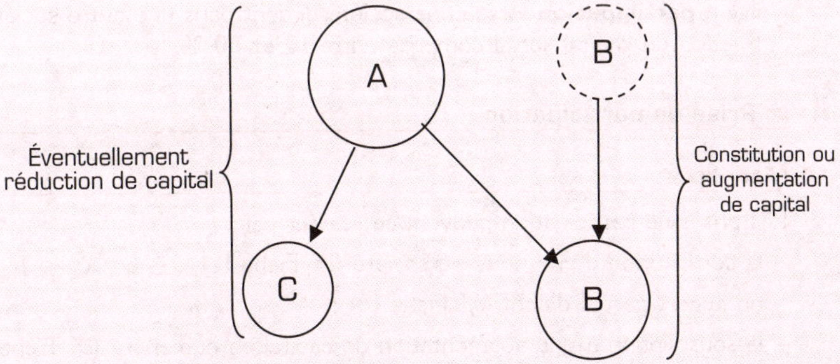

FICHE 19

Participations et groupes

Le droit français peine à appréhender la réalité économique et financière des groupes de sociétés. Ce sont les sociétés individuelles qui sont essentiellement des objets de droit. Cette fiche cherche néanmoins à caractériser juridiquement le groupe. Elle rappelle d'abord les modalités des prises de participation qui donnent naissance aux groupes.
Le régime des sociétés mères et le régime dit de l'intégration fiscale sont des régimes fiscaux dérogatoires, en faveur des groupes de sociétés.
Par ailleurs, les intérêts sur les prêts intragroupe et les abandons de créances à caractère financier sont réglementés. Il s'agit d'empêcher des transferts abusifs de bénéfices sous couvert de versement d'intérêts, tout en évitant d'entraver les financements économiquement justifiés.

I ▶ Définitions

A. Groupe

Un groupe de sociétés est l'**ensemble formé par plusieurs sociétés**, ayant chacune leur **existence juridique propre**, mais unies entre elles par des liens contractuels en vertu desquels l'une d'elles, dite **société mère**, exerce un contrôle sur l'ensemble des autres sociétés du groupe et fait prévaloir une unité de décision.

Le groupe **n'a pas la personnalité morale**.

B. Filiales et participations

Au sens du Code de commerce :

- est réputée **filiale** toute société dont **plus de la moitié du capital social** appartient à une autre société ;
- il y a **participation** lorsqu'une société détient dans une autre société, une fraction du capital social comprise entre **10 et 50 %**.

II ▶ Prise de participation

A. Modalités

Les prises de participation peuvent se réaliser par :

- la constitution d'une nouvelle société (*cf.* Fiche 12) ;
- un apport partiel d'actif (*cf.* Fiche 18) ;
- la souscription à une augmentation de capital en numéraire (*cf.* Fiche 16) ;
- l'achat de droits sociaux (voir ci-après).

▶ Achat de droits sociaux

La prise de contrôle d'une société peut intervenir par l'achat d'un nombre très important de titres (actions ou parts sociales) de la société à contrôler.

- **Règles applicables aux cessions de droits sociaux**

Les cessions de droits sociaux sont soumises aux règles générales de droit commun des contrats et plus particulièrement aux règles du contrat de vente.

– *Conclusion de la cession des titres :* la cession des droits sociaux doit respecter les conditions de validité des contrats (*cf.* Fiche 1).

Les **cessions d'actions** sont réalisées par virements de compte à compte entre le compte du cédant et celui du cessionnaire.

Les **cessions de parts sociales** sont constatées par un acte écrit (sous seing privé ou authentique) qui doit respecter les formalités de l'article 1690 du Code civil afin de le rendre opposable tant à la société qu'aux tiers ;

– *Conséquences de la cession des titres :* la cession des titres entraîne **le transfert des droits sociaux** soit à la date convenue par les parties, soit au moment de l'échange des consentements.

Le cédant **garantit** l'existence des titres cédés mais non la valeur ou la consistance du patrimoine de la société, sauf convention contraire entre les parties.

– *Achat des titres de sociétés cotées : cf.* Fiche 16, § III-D.

- **Cession de contrôle de la société**

La cession de contrôle s'opère par l'acquisition d'un grand nombre de titres émis par une société afin d'en **prendre la direction**. C'est **un mode de constitution d'un groupe**.

La cession massive de droits sociaux revêt un caractère commercial dès lors qu'elle a pour conséquence d'assurer aux acquéreurs le contrôle de la société concernée, mais elle ne constitue par une cession du fonds de commerce.

▶ Souscription à une augmentation de capital réservée

La prise de contrôle d'une société peut intervenir par la souscription à une augmentation de son capital social, réservée à la société qui cherche à en prendre le contrôle.

Tous les autres associés renoncent leur droit préférentiel de souscription, en AGE ou individuellement.

L'AGE décidant une augmentation du capital social avec la suppression du droit préférentiel de souscription ne peut valablement délibérer qu'après audition des rapports du conseil d'administration ou du directoire et du commissaire aux comptes.

▶ Convention de portage

La convention de portage est un contrat par lequel un établissement financier s'oblige à souscrire ou à acheter des actions pour le compte d'une personne, à charge pour elle de les lui racheter au terme d'une période déterminée et moyennant un prix convenu par avance.

La convention de portage est réalisée sous la forme d'une promesse unilatérale d'achat d'actions ou de parts sociales, qui s'analyse comme une véritable prise de participation de la part de l'organisme financier.

B. Réglementation des participations réciproques

Les participations réciproques entre deux sociétés sont réglementées.

▶ Participations réciproques entre sociétés par actions

La réglementation n'est applicable qu'aux sociétés ayant leur siège social en France.

Une société par actions (A) ne peut posséder d'actions d'une autre société par actions (B) si (B) détient une **fraction du capital social** de (A) **supérieur à 10 %**.

La société (B) qui vient à détenir une fraction supérieure à 10 % du capital social de (A), doit en **aviser** (A) dans le délai d'un mois à compter de la survenance de cette situation.

À défaut d'accord entre les sociétés intéressées pour régulariser leur situation, celle qui détient la fraction la plus faible du capital de l'autre doit aliéner son investissement dans un délai de un an.

▶ Participations réciproques entre une société par actions et une autre société

- **1er cas**

La société par actions (A) détient **plus de 10 % du capital social** de la société (B). Dans ce cas, (B) ne peut posséder aucune action de (A). Si elle vient à en posséder, elle doit les **aliéner** dans le délai d'un an et elle ne peut exercer les droits de vote aux assemblées générales.

- **2e cas**

La société par actions (A) détient une fraction égale ou **inférieure à 10 % du capital social** de la société (B). En ce cas, (B) ne peut posséder une fraction supérieure à 10 % des actions émises par (A). Si elle vient à posséder une fraction plus importante, elle est soumise aux mêmes conséquences que dans le premier cas.

▶ Autocontrôle

L'autocontrôle résulte du fait qu'une société mère assure son propre contrôle par le truchement d'une ou de plusieurs autres sociétés dont elle détient directement ou indirectement le contrôle.

Les droits de vote attachés aux actions d'autocontrôle ne peuvent être exercés ; il n'en est pas tenu compte pour le calcul du quorum ; tous les autres droits subsistent.

III ▸ Conséquences de l'existence de filiales ou de participations

A. Conséquences liées à la détention d'une certaine fraction du capital

▸ Consolidation des comptes

Les **sociétés commerciales, placées à la tête d'un groupe**, doivent **établir et publier des comptes consolidés**. Ces sociétés désignent au moins deux commissaires aux comptes titulaires et deux commissaires aux comptes suppléants appartenant à des structures d'exercice professionnel distinctes (*cf.* Le Meilleur du DSCG 4.)

▸ Information des sociétés

cf. Fiche n° 16, § III-D.

▸ Information des salariés

- **Comité d'entreprise**

Le comité d'entreprise doit être informé et consulté sur toutes les modifications de l'organisation juridique de l'entreprise, tout particulièrement en cas de fusion, de scission, d'acquisition ou de cession de filiales.

Il doit être également informé et consulté sur toute prise de participation dans la société.

- **Comité de groupe**

– **Champ d'application** : le comité de groupe est obligatoire dans les ensembles formé par une **société dominante** et ses filiales à 50 %.

– **Composition** : chef d'entreprise de l'entreprise dominante ou son représentant, assisté de deux personnes de son choix ayant voix consultative et représentants du personnel des entreprises composant le groupe.

– **Attributions** : le comité de groupe assure aux représentants du personnel une **représentation au niveau du groupe** (situation financière et évolution de l'emploi, communication des comptes et du bilan consolidés, perspectives économiques de groupe, etc.).

- **Comité d'entreprise européen**

– Champ d'application : un comité d'entreprise européen ou une procédure d'échange de vue et de dialogue, est mis en place dans les entreprise ou groupes qui emploient au moins mille salariés dans les États membres de l'UE participant à l'accord sur la politique sociale ainsi que dans les États membres de l'EEE, et qui comportent au moins un établissement employant au moins cent cinquante salariés dans au moins deux de ces États.

B. Conséquences liées à l'existence de liens de dépendance ou d'intérêts communs

Les règles qui suivent sont applicables à l'ensemble des participations au sens général du terme, même si elles sont **inférieures à 10 %**, si en fait la dépendance d'une société par rapport à une autre est caractérisée.

FICHE 19

▶ Libre concurrence

Le groupe pourrait constituer une **entente** ou conduire à un **abus de position dominante**, prohibée si le jeu normal de la concurrence se trouve faussé.

▶ Conventions réglementées

Les **conventions** passées entre la **société mère et une filiale** ayant des administrateurs communs, sont des **conventions réglementées**.

▶ Prestations intragroupe

La **rémunération** des prestations de services intragroupe ne doit **pas être disproportionnée** par rapport au coût réel des prestations fournies par la société mère.

▶ Avances de trésorerie

Les avances de trésorerie entre sociétés d'un même groupe doivent être dictées par un **intérêt économique, social ou financier commun** et ne doivent pas être **démunis de contrepartie ou rompre l'équilibre** entre les engagements respectifs des diverses sociétés concernées.

▶ Règlement du passif des sociétés du groupe

• Droit des créanciers des sociétés du groupe

Les créanciers d'une société d'un groupe peuvent demander à une autre société de ce même groupe **le paiement de leurs créances** lorsqu'ils ont pu légitimement croire que les deux sociétés n'en formaient qu'une seule ou qu'elles étaient unies par une **communauté d'intérêts**, ou encore lorsque l'une des sociétés a eu **un comportement fautif** en faisant croire qu'elle prenait part à l'engagement de l'autre.

• Compensation entre dettes et créances de sociétés membres d'un même groupe envers un même créancier

Les tiers peuvent se prévaloir de la **compensation légale** entre leur créance sur une société et leur dette à l'égard d'une autre société, dès l'instant que ces deux sociétés **sont étroitement unies et se confondent juridiquement**.

• Sauvegarde, redressement, liquidation judiciaire d'une société du groupe

Le groupe ne peut pas bénéficier des procédures collectives (sauvegarde, redressement, liquidation judiciaire).

Cependant, si au sein d'un même groupe, une société est reconnue en **état de cessation des paiements**, les tribunaux prononcent souvent la sauvegarde, le redressement judiciaire ou la liquidation judiciaire de toutes les sociétés du groupe. Il en est ainsi lorsque les tribunaux constatent que les filiales ont été constituées pour frauder les droits des créanciers, qu'elles ne sont que des sociétés fictives, ou que les sociétés sont liées par une communauté d'intérêts ou si on se trouve confronté à une confusion des patrimoines nettement caractérisée.

▶ Protection des associés minoritaires

La majorité qui contrôle un groupe de sociétés ne doit pas **commettre d'abus de majorité** en imposant à des sociétés contrôlées une décision contraire aux intérêts particuliers de ces sociétés.

▶ Situation des salariés

Les conséquences les plus notables de l'appartenance des salariés à un même groupe, sont les suivantes.

• Ancienneté

Lorsqu'un salarié passe d'une société à une autre société du même groupe, il peut être fondé à se prévaloir de son **ancienneté** au service de la première société et de la **convention collective** applicable à celle-ci.

• Représentants du personnel

Lorsque plusieurs entreprises juridiquement distinctes forment néanmoins **une unité économique et sociale** regroupant au moins **cinquante salariés**, elles doivent mettre en place un comité d'entreprise commun.

Ce principe s'applique également à la désignation des **délégués syndicaux communs** à l'ensemble de ces entreprises ainsi que pour la désignation des **délégués du personnel**.

• Actionnariat des salariés

Les attributions gratuites d'actions et les options de souscription ou d'achat d'actions, réservées au personnel, peuvent être proposés par la société non seulement à ses propres salariés, mais aussi

- aux salariés des sociétés qui détiennent au moins 10 % de son capital ;
- aux salariés des sociétés dont elle détient au moins 10 % du capital ;
- ainsi qu'aux salariés de sociétés dont 50 % au moins du capital ou des droits de vote sont détenus par une société détenant elle-même, directement ou indirectement, au moins 50 % du capital de la société qui attribue les actions.

▶ Actions en justice

Pour ester en justice, tant en demande qu'en défense, chaque société du groupe conserve sa **personnalité morale** propre.

IV ▶ Régimes fiscaux applicables aux groupes

A. Régime des sociétés mères

▶ Conditions générales d'application

- Toutes les sociétés du groupe doivent être soumises à l'**impôt sur les sociétés** ;
- La société mère doit être française, les filiales peuvent être françaises ou étrangères ;
- La participation doit représenter au moins **5 % du capital de la filiale** ;
- Les titres de participation doivent revêtir la forme nominative, être déposés dans un établissement agréé par l'administration ou, pour les titres dématérialisés, être inscrits dans des comptes tenus par la personne morale émettrice ou un intermédiaire habilité ;
- Les titres de participation doivent avoir été souscrits à l'émission ou être détenus depuis au moins deux ans.

▶ Exonération des dividendes perçus

Les dividendes perçus par la société mère, en provenance de ses filiales, ne sont pas imposables.

Cependant, la société mère doit réintégrer une **quote-part de frais** forfaitairement égale à **5 % des dividendes** reçus.

On procède :

- à la déduction du résultat imposable de la totalité des dividendes nets perçus ;
- à la réintégration au résultat imposable de la quote-part de frais et charges.

Remarque. L'assiette des 5 % à réintégrer comprend, non seulement le dividende mais l'éventuel crédit d'impôts attaché aux dividendes d'origine étrangère.

Exemple

La société française M détient une participation de 5 % dans le capital de la société japonaise J. Ces titres dématérialisés ont été souscrits à l'émission et ils sont déposés dans une banque agréée. La société J a versé à M un dividende brut de 10 000 € qui a été soumis, au Japon, à une retenue de 10 %. La société M a donc encaissé un dividende net de 9 000 €. Il existe une convention fiscale entre la France et le Japon.

En principe, la société M devrait porter sur sa déclaration de bénéfices, un produit financier de 10 000 € et elle imputerait sur l'IS à payer (déduction impôt sur impôt), la retenue japonaise de 1 000 €.

Le résultat fiscal et l'IS afférents à ces opérations, sont calculés comme suit :

Bénéfice comptable = dividende brut = dividende net perçu + crédit d'impôt	*10 000*
À déduire, dividende brut reçu d'une « filiale »	*– 10 000*
À réintégrer, quote-part forfaitaire de frais (5 % × 10 000)	*+ 500*
Résultat fiscal	*+ 500*
Incidence sur l'IS (33 1/3 % × 500)	*+ 167*

▶ **Abandons de créances**

- **Imposition des bénéfices de la société mère**

Si l'abandon de créance revêt un **caractère commercial**, l'aide apportée constitue une charge déductible par la société versante, quelle que soit la situation nette de la société bénéficiaire de l'aide.

Si l'abandon de créance revêt un **caractère financier** (aide non commerciale consentie par une société mère à une filiale), l'aide n'est pas une **charge déductible** pour la société mère (sauf dans le cas où la filiale est soumise à une procédure de sauvegarde, de redressement judiciaire ou de liquidation judiciaire (voir Fiche 22) ou lors d'une procédure de conciliation (voir Fiche 21).

- **Imposition des bénéfices de la filiale**

Un **abandon de créances** est un produit imposable pour l'entreprise débitrice qui en bénéficie.

B. Intérêts des prêts entre entreprises liées

▶ **Règles générales concernant les comptes courants d'associés**

La déductibilité des intérêts sur les sommes mis par des associés à la disposition de leur société, est soumise à deux conditions :

– le capital de la société doit être **entièrement libéré** ;

– le **taux maximal** des intérêts déductibles est égal au TMPv (taux moyen pratiqué par les banques pour les prêts à taux variable aux entreprises, d'une durée initiale supérieure à deux ans).

▶ **Cas des sociétés liées par un lien de dépendance**

- **Définition du lien de dépendance**

Un lien de dépendance est réputé exister entre deux entreprises :

– lorsque l'une détient directement ou indirectement, la majorité du capital social de l'autre ou y exerce un pouvoir de décision ;

– ou lorsqu'elles sont placées l'une et l'autre sous le contrôle d'une même entreprise (au sens défini ci-dessus de la dépendance entre deux entreprises).

- **Taux maximal des intérêts déductibles**

Si deux entreprises liées sont soumises à l'IS, les intérêts afférents aux sommes laissées à la disposition d'une de ces entreprises par l'autre entreprise, sont déductibles :

– dans la limite du TMPv ;

– ou, s'ils sont supérieurs, d'après le taux que cette entreprise **pourrait obtenir auprès d'établissements financiers**.

- **Présomption de sous-capitalisation**

Dans la limite du taux maximal (voir ci-dessus), il y a présomption de sous-capitalisation si les intérêts versés par une entreprise à l'ensemble desentreprises liées, excèdent simultanément trois limites se référant aux capitaux propres, au résultat courant et aux intérêts perçus.

- **Report des intérêts différés en situation de sous-capitalisation**

Si la présomption de sous-capitalisation ne peut être renversée, l'excédent des intérêts versés à des entreprises liées est reporté sur les exercices ultérieurs (sauf si cet excédent est inférieur à 150 000 €, auquel cas l'excédent est immédiatement déductible).

19 FICHE

C. Régime dit de l'intégration fiscale

Le **« régime fiscal des groupes de sociétés »** est couramment désigné par les praticiens sous le nom d' *« intégration fiscale »*.

▶ Conditions d'application

- **Entreprises éligibles**

– Les entreprises constituant le groupe intégré fiscalement doivent être des sociétés soumises à **l'impôt sur les sociétés**.

– La société mère doit détenir **95 % au moins** du capital et des droits de vote des sociétés du groupe d'intégration fiscale, directement ou indirectement par l'intermédiaire d'une autre société de ce groupe.

– Le capital de la société mère ne doit pas être détenu, directement ou indirectement, à 95 % ou plus, par une autre personne morale soumise à l'IS.

– Toutes les sociétés du groupe doivent ouvrir et clore leur **exercice aux mêmes dates**.

- **Option de la société mère et accord des filiales**

Le régime est appliqué sur **option** de la société mère. L'option est valable pour cinq exercices ; elle est renouvelée par tacite reconduction pour la même durée.

Les filiales qui acceptent de faire partie du groupe d'intégration fiscale doivent attester leur **accord**.

▶ Détermination et imposition du résultat d'ensemble

- **Détermination du résultat d'ensemble**

Le **résultat d'ensemble du groupe** est la somme algébrique des résultats fiscaux déterminés au niveau de chacune des sociétés appartenant au groupe d'intégration fiscale :

– *diminuée* :
  – de la quote-part de 5 % des dividendes reçus d'une société du groupe, réintégrée en application du régime des sociétés mères ;
  – des dividendes reçus d'une société du groupe s'ils n'ouvrent pas droit au régime des sociétés mères ;
  – des moins-values nettes de cessions à court terme entre sociétés du groupe ;
  – des abandons de créances et subventions entre sociétés du groupe, imposés chez la filiale débitrice ;

– *majorée* :
  – des dotations moins les reprises sur dépréciations des créances entre sociétés du groupe et sur provisions pour risques encourus du fait d'une autre société du groupe ;
  – des dotations moins les reprises sur dépréciations des éléments d'actif (autres que les titres de participation relevant des plus-values à long terme) qui avaient été cédés entre sociétés du groupe, dans la limite des plus-values nettes résultant de ces cessions ;
  – des plus-values nettes de cessions à court terme entre sociétés du groupe ;
  – des jetons de présence distribués et déduits par les filiales du groupe ;
  – des suppléments d'amortissements pratiqués par la société cessionnaire, à la suite de la cession d'un élément amortissable entre sociétés du groupe ;
  – des abandons de créance et subventions entre sociétés du groupe, déduits chez la société mère créancière ;
  – des charges financières liées à certaines acquisitions de sociétés par emprunt (LBO).

- **Imposition du résultat d'ensemble**

Le **bénéfice d'ensemble** est imposé au taux de droit commun de l'IS.

Les règles de report en avant ou en arrière des déficits s'appliquent au **déficit d'ensemble**.

Exemple

Un groupe d'intégration fiscale est constitué de trois sociétés : la société mère M, la filiale F1 dont M détient 95 % du capital et la filiale F2 dont M détient 100 % du capital.

Le tableau ci-après résume le calcul du résultat fiscal individuel de chacune des sociétés pour l'exercice N.

	M	F1	F2
Produits divers	5 000	3 000	800
Dividendes reçus de F1 (régime des sociétés mères)	120		
Charges diverses (dont amortissements)	- 3 800	- 2 600	- 1 300
Jetons de présence versés et déductibles		- 100	- 50
Dotations aux dépréciations des créances sur F2	- 250		
Résultat comptable avant impôt	**1 070**	**300**	**- 550**
À réintégrer			
Quote-part de 5 % des dividendes reçus (régime des sociétés mères)	24		
À déduire			
Dividendes reçus (régime des sociétés mères)	- 120		
Résultat fiscal	**974**	**300**	**- 550**

FICHE 19

Par ailleurs, la société F2 avait acquis une construction, le 1.01.N-10, pour un coût de 1 000. La construction était amortie linéairement sur 20 ans, soit des annuités d'amortissement de 50. La société F2 a cédé cette construction (et le terrain), début N-1, à la société F1. À la date de cession, la construction était amortie de 450 et sa valeur nette comptable s'élevait à 550. Le prix de cession de la construction s'est élevé à 748. La société F1 amortit cette construction sur les 11 années restantes à partir de N-1. Les annuités d'amortissement sont égales à 748/11 = 68.

Le calcul du résultat fiscal d'ensemble se présente comme suit :

Résultat fiscal M	974
Résultat fiscal F1	300
Résultat fiscal F2	- 550
Somme algébrique des résultats fiscaux	724
À déduire	
Quote-part de 5 % des dividendes (régime des sociétés mères)	- 24
À réintégrer	
Dotations aux dépréciations des créances entre sociétés du groupe	250
Supplément d'amortissement à la suite d'une cession entre sociétés du groupe (68 - 50)	18
Jetons de présence versés et déductibles	150
Résultat d'ensemble	**1 118**

La société M paiera un impôt égal à 1 118 × 33 1/3 % = 372. La société F1 ne paiera pas d'impôt. La société F2 ne pourra pas reporter son déficit puisqu'il a été transféré au résultat d'ensemble.

▶ Détermination et régime fiscal des plus ou moins-values d'ensemble

• Détermination des plus ou moins-values à long terme d'ensemble

La **plus-value nette** ou la **moins-value nette à long terme d'ensemble** est égale à la somme algébrique des plus ou moins-values nettes à long terme des sociétés du groupe :

– *diminuée* :
  – des moins-values nettes de cessions à long terme entre sociétés du groupe.

– *majorée* :
  – des dotations moins les reprises sur dépréciations des titres de participation entre sociétés du groupe ;
  – des dotations moins les reprises sur dépréciations des titres de participation qui avaient été cédés entre sociétés du groupe (dépréciations effectuées après la cession), dans la limite des plus-values nettes résultant de ces cessions ;
  – des plus-values nettes de cessions à long terme entre sociétés du groupe.

• Régime fiscal des plus ou moins-values à long terme

La plus-value nette à long terme d'ensemble est imposée aux taux de 0 %, 19 % ou 15 % suivant la nature des biens sur lesquels les plus-values ont été réalisées. Une quote-part de 12 % des plus-values exonérées de fait, en raison du taux 0 %, doit être réintégrée au résultat d'ensemble.

Les moins-values nettes à long terme au taux 0 % ne sont pas reportables. Les moins-values nettes à long terme au taux de 15 % ou 19 %, sont reportables pendant dix ans sur les plus-values imposables au même taux.

► **Paiement de l'impôt**

La société mère est seule redevable de l'IS dû sur le résultat d'ensemble. Elle est substituée aux sociétés du groupe pour l'imputation des différents crédits d'impôt et réductions d'impôt (crédit d'impôt recherche, crédit d'impôt formation, etc.).

Si le résultat d'ensemble est déficitaire, la société mère peut reporter ce déficit en avant ou opter pour son report en arrière.

Autres modes de coopération inter entreprises

Structures juridiques	• Groupement d'Intérêt Économique (GIE) • Groupement Européen d'Intérêt Économique (GEIE) • Société européenne (SE)
Contrats d'intérêt commun	• Groupements momentanés • Accords de coopération • Accords (ou contrats) de sous-traitance • Contrat de location gérance

I ▶ Structures juridiques

A. Groupement d'intérêt économique (GIE)

1. Caractéristiques fondamentales

- il est créé par un **contrat constitutif** ; il est composé de membres ;
- il est immatriculé au RCS ; il a un objet civil ou commercial ;
- son but n'est pas de réaliser des bénéfices pour lui-même, mais il s'agit de « développer l'activité économique de ses membres ». Le GIE doit avoir un *caractère économique* ; son objet doit se rattacher à l'activité de ses membres et avoir un caractère auxiliaire par rapport à celle-ci ;
- il peut être constitué AVEC ou SANS capital ; peut faire offre au public de ses titres ; peut émettre des obligations si ses membres peuvent en émettre ;

Les membres sont indéfiniment et solidairement responsables du passif.

2. Constitution

▶ Conditions de fond

- pas de capital minimal exigé par la loi ; le capital peut être variable ;
- il faut deux membres (personnes physiques ou morales au minimum ;
- la durée est déterminée ;
- tous types d'apports sont possibles.

▶ Conditions de forme

- le contrat constitutif est un acte écrit ;
- publicité légale : avis au JAL, immatriculation au RCS, avis au BODACC.

▶ Sanction

Nullité en cas de non-respect des conditions impératives relatives aux conditions de constitution d'un GIE.

3. Fonctionnement du GIE

▶ Administrateurs

Un ou plusieurs **administrateurs** (personnes physiques ou morales). La personne morale nommée administrateur doit désigner une personne physique comme **représentant permanent**.

Les pouvoirs des administrateurs sont **librement** déterminés par le contrat. Les limitations de pouvoir sont inopposables aux tiers.

Responsabilité des administrateurs pour leurs infractions, la violation des statuts et les fautes de gestion.

Publicité de la nomination et de la cessation des fonctions des administrateurs, au RCS (publication au Bodacc par les soins du greffier).

▶ Assemblées

Conditions de réunion stipulées dans le contrat mais obligation de réunion sur demande du quart des membres.

À défaut de clause du contrat définissant la majorité et/ou le nombre de voix, décisions **à l'unanimité** et chaque membre dispose d'**une voix**.

▶ Contrôle des comptes

Liberté de désignation des *contrôleurs* et des modalités du contrôle.

Nomination de **commissaires aux comptes** lorsque le GIE émet des obligations ou lorsqu'il compte au moins 100 salariés.

▶ Régime fiscal

Identiques à ceux des sociétés en nom collectif (SNC) n'ayant pas opté pour le régime de l'IS.

▶ Membres du GIE

- **Admission des membres**

À défaut de clause du contrat définissant les conditions d'admission, nécessité de l'accord unanime des membres du GIE.

- **Retrait des membres**

Le contrat fixe les conditions de retrait. Un membre du groupement ne peut se retirer que s'il a exécuté ses engagements.

- **Obligations à l'égard du GIE**

Déterminées par le contrat.

4. Transformation et dissolution du GIE

▶ Transformation

Le GIE ne peut pas être transformé en société commerciale ou en association sans **perdre sa personnalité morale**.

Exception. Le GIE peut être transformé en SNC sans dissolution ni création d'une personne morale nouvelle.

▶ **Dissolution**

Le décès de l'un des membres ou son incapacité est une cause de dissolution du GIE.

La dissolution entraîne la **liquidation** du GIE. À défaut de clause statutaire, l'excédent d'actif est réparti par *parts égales* entre les membres.

B. Groupement européen d'intérêt économique (GEIE)

Les GEIE ont des caractéristiques analogues à celles des GIE français sous réserve des différences suivantes :

- Les membres du groupement doivent être des personnes physiques exerçant une activité dans l'UE ou des entités dont le siège est dans l'UE ;
- Le **transfert** du siège d'un État dans un autre (changement de loi) doit être décidé à l'unanimité ;
- La **durée** du GEIE peut être **indéterminée** ;
- Le GEIE est administré par un ou plusieurs **gérants**, personnes physiques ou morales. La personne morale nommée gérante doit désigner une personne physique comme **représentant permanent** ;
- Les membres ne peuvent décider qu'à **l'unanimité** de :

a) modifier l'objet du groupement ;

b) modifier le nombre de voix attribué à chacun d'eux ;

c) modifier les conditions de la prise de décision ;

d) proroger la durée du groupement au-delà du terme fixé dans le contrat de groupement ;

e) modifier la part contributive de chacun des membres ou de certains d'entre eux au financement du groupement ;

f) modifier toute autre obligation d'un membre, à moins que le contrat de groupement n'en dispose autrement.

- Le GEIE ne peut employer plus de 500 salariés ;

C. Société européenne (SE)

La société européenne (*societas europaea*) n'adopte pas la **nationalité** de l'État dans lequel elle a son siège. Le transfert du siège dans un autre État membre n'entraîne pas dissolution de la SE.

La SE a la **personnalité morale**. Elle revêt la forme de société anonyme (SA).

1. Constitution

Quatre modalités de constitution : fusion, création d'une holding, création d'une filiale, transformation d'une société existante.

2. Fonctionnement

Ressemble au fonctionnement de la SA avec conseil de surveillance et directoire (**système dualiste**) ou conseil d'administration (**système moniste**).

Dans les SE **n'offrant pas ses actions au public**, des clauses réglementant l'admission et le retrait des actionnaires peuvent figurer dans les statuts.

FICHE 20

II ▶ Contrats d'intérêt commun

Les entrepreneurs peuvent se lier par des contrats civils, bénéficiant ainsi de la liberté contractuelle.

A. Groupements momentanés d'entreprises

1. Définitions

Regroupement **temporaire** d'entreprises indépendantes en vue de l'exécution d'un travail déterminé (par exemple un projet de construction) dont elles se partagent les différentes tâches.

Le groupement est **conjoint** lorsque chacun des membres du groupement s'engage à exécuter les prestations qui sont susceptibles de lui être attribuées dans le marché.

Le groupement est **solidaire** lorsque chacun des membres du groupement est engagé financièrement pour la totalité du marché.

2. Mandataire commun

L'un des membres du groupement est désigné comme **mandataire** ; il représente l'ensemble des membres.

3. Liberté contractuelle

Le groupement s'organise uniquement dans le cadre de la liberté contractuelle. Pas de réglementation spécifique quant à sa constitution et son fonctionnement.

4. Absence de personnalité morale

Chaque entreprise membre du groupement dispose de la qualité de cocontractante du maître d'ouvrage. Le groupement n'est donc pas titulaire du marché. Il n'y a ni apport ni actif. Chaque entreprise réalise séparément la part du marché, qui lui est attribuée.

5. Convention

Signature d'une convention entre les membres du groupement. En pratique, la convention doit être écrite. En pratique, les entreprises utilisent les conventions types rédigées par les organisations professionnelles comme la Fédération française du bâtiment et la Fédération nationale des travaux publics.

FICHE 20

B. Accords de coopération

1. Définition

Contrat entre des entreprises qui veulent unir leurs efforts dans certains secteurs de leur activité.

2. Liberté contractuelle

Ce sont des contrats **innommés**. C'est le principe de la liberté contractuelle qui s'applique. Elles portent notamment sur l'organisation de la coordination et sur le règlement du prix.

3. Fonctionnement

Un **comité de coordination** peut être désigné pour assurer la direction commune et une coordination des opérations.

4. Accord de coopération commerciale

La coopération commerciale est un contrat de prestation de service dont le contenu et la rémunération sont définis d'un commun accord entre un fournisseur et un distributeur. Le contenu de ce contrat porte sur la fourniture, par un distributeur à son fournisseur, de services spécifiques détachables des simples obligations résultant des achats et ventes.

Remarque. Les accords de coopération commerciale ne doivent pas interférer avec les conditions générales de vente du fournisseur, par exemple en matière de délais de paiement.

C. Contrat de sous-traitance

Le terme de sous-traitance recouvre deux notions juridiques distinctes : la **sous-traitance d'un marché** confié par un maître d'ouvrage à une entreprise principale et la **sous-traitance industrielle**.

1. Sous-traitance industrielle

Une entreprise, le donneur d'ordre, charge, suivant ses directives, une autre entreprise, le *sous-traitant*, de la fabrication de produits, de la prestation de services ou de l'exécution de travaux qui sont destinés à être fournis au donneur d'ordre ou exécutés pour son compte.

Cette relation de sous-traitance est bipartite ; il n'y a aucun lien entre le sous-traitant et l'acheteur du produit ou du service final du producteur.

2. Sous-traitance d'un marché

Opération par laquelle un entrepreneur confie par contrat dit « sous-traité » et sous sa responsabilité, à une autre personne appelée sous-traitant l'exécution de tout ou partie du contrat d'entreprise ou d'une partie du marché public conclu avec le maître de l'ouvrage.

Par conséquent, deux contrats sont conclus successivement pour satisfaire la commande du maître de l'ouvrage :

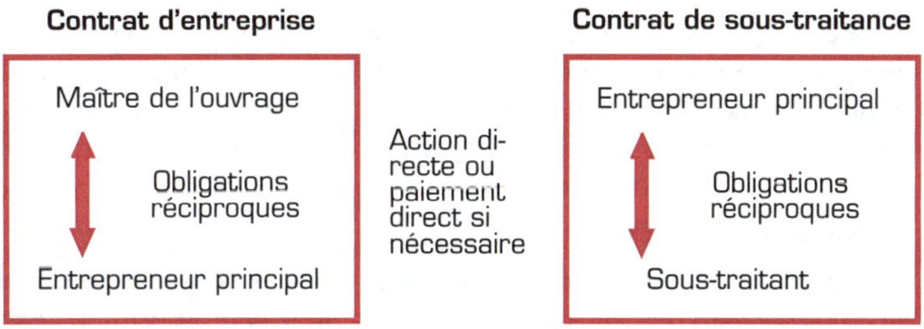

FICHE 20

3. Agrément par le maître d'ouvrage

L'entrepreneur principal doit soumettre à l'agrément du maître d'ouvrage la personne du sous-traitant et ses conditions de paiement.

L'agrément peut être exprès ou tacite.

Le refus d'agrément : n'a pas à être motivé.

4. Paiement direct

▶ Marchés publics

Le sous-traitant direct du titulaire du marché est **payé directement** par le maître de l'ouvrage pour la part du marché dont il assure l'exécution.

▶ Marchés privés

Le sous-traitant a une **action directe** contre le maître de l'ouvrage si l'entrepreneur principal ne paie pas.

5. Caution

Les paiements de toutes les sommes dues par l'entrepreneur au sous-traitant, sont garantis par une caution personnelle et solidaire obtenue par l'entrepreneur d'un établissement qualifié, agréé.

6. Responsabilité du sous-traitant

Le sous-traitant encourt deux types de responsabilité :

- contractuelle, vis-à-vis de l'entrepreneur principal. En pratique, l'entrepreneur principal, poursuivi en justice par le maître de l'ouvrage, fait un appel en garantie ; par cet acte, il engage la responsabilité contractuelle du sous-traitant ;
- extracontractuelle, vis-à-vis du maître de l'ouvrage, auquel il n'est pas lié par un contrat.

D. Le contrat location-gérance du fonds de commerce

1. Caractéristiques

La location-gérance (ou **gérance libre** du fonds de commerce) est un contrat qui permet au propriétaire d'un fonds de commerce, artisanal ou industriel de céder à une personne, physique ou morale, le locataire gérant, le droit d'exploiter librement ce fonds à ses risques et périls moyennant le paiement d'une redevance.

FICHE 20

2. Conclusion du contrat

• Conditions relatives au **propriétaire** du fonds (ou loueur) : il doit avoir exploité le fonds pendant deux ans au moins ; à défaut, le contrat est nul. Le contrat doit être écrit, publié (au greffe) et enregistré (fisc) ;

• Conditions relatives au **locataire-gérant** : il doit avoir la capacité commerciale. Il devient commerçant s'il ne l'était pas avant, car ce contrat est un acte de commerce ; il doit s'immatriculer au RCS. Il s'engage à exploiter le fonds selon sa destination.

• Conditions de la conclusion du contrat :

- publicité dans un JAL ;
- les contrats de travail attachés au fonds sont transmis avec le fonds ;
- la redevance est fixée librement (fixe, proportionnelle au chiffre d'affaires ou au bénéfice) dans le contrat. Pour le loueur : elle fait partie des BIC ; pour le locataire, elle est déductible du bénéfice.
- un dépôt de garantie est versé lors de la signature du contrat et restitué en fin de contrat.

3. Effets du contrat

▶ Obligations du loueur

• délivrer le fonds (avec tous ses éléments : notamment : droit au bail) et garantir la jouissance paisible du fonds (pas de concurrence) ;

• reste propriétaire du fonds ;

• est solidairement responsable des dettes contractées par le locataire-gérant pendant un délai de six mois à compter de la date de publication du contrat au greffe.

▶ Obligations du locataire-gérant

• exploite lui-même le fonds en bon père de famille (cf. bonne foi dans la gestion...) ;

• respecte la destination du fonds ;

• paye la redevance convenue ;

• ne peut céder ni sous-louer son droit d'exploitation du fonds, sauf avec l'autorisation du propriétaire ou si cela est prévu par le contrat.

▶ Effets à l'égard des tiers

Les créanciers du propriétaire ne deviennent pas ceux du locataire-gérant. Dans les 3 mois à compter de la publication du contrat, ils peuvent demander au juge l'exigibilité immédiate de leurs créances à terme ; le juge apprécie si la location-gérance est susceptible d'entraîner une dépréciation du fonds de commerce.

4. Fiscalité

Les redevances perçues par le bailleur sont imposables dans la catégorie des bénéfices industriels et commerciaux (BIC). Elles sont soumises à la CSG-CRDS et aux prélèvements sociaux au taux global de 12,1 % lorsque le bailleur exerce une activité dans le fonds loué.

Remarque. L'activité de bailleur ne présentant pas un caractère professionnel, les déficits éventuels ne peuvent être imputés sur son revenu global.

Les redevances sont déductibles du bénéfice du locataire-gérant.

Elles sont, par ailleurs, soumises à la TVA.

Les redevances sont déductibles du bénéfice du locataire-gérant.

5. Fin du contrat

▶ Causes

Terme (si durée déterminée du contrat), résiliation par l'une des parties (si durée indéterminée), inexécution contractuelle, disparition du fonds.

▶ Effets

- publicité de la fin du contrat : avis au JAL dans les 15 j et radiation du locataire-gérant au RCS ;
- le fonds de commerce est restitué au propriétaire ; les dettes contractées par le locataire-gérant sont exigibles ;
- le cas échéant, la clause de non-concurrence insérée dans le contrat s'applique.

MÉMO

Mots clés : groupement d'intérêt économique (GIE), groupement européen d'intérêt économique (GEIE), groupements contractuels, accords de coopération, accords (ou contrats) de sous-traitance, contrat de location gérance, contrat constitutif, membres, administrateurs, contrôleurs de la gestion, liberté contractuelle, contrats innommés, mandataire commun, comité de coordination, contrat d'entreprise, action directe, appel en garantie, gérance libre, locataire-gérant, redevance.

FICHE 21

La prévention des difficultés de l'entreprise

Le Code de commerce comprend deux séries de dispositions légales relatives aux difficultés de l'entreprise ; elles concernent la prévention et le traitement des difficultés.

I ▶ Prévention par l'information

A. Diffusion d'informations relatives au passé

- Dépôt au greffe des comptes annuels (par les sociétés de capitaux, les sociétés à responsabilité limitée (SARL), les sociétés en nom collectif (dont tous les associés sont des SARL ou des sociétés de capitaux) avec, le cas échéant, le rapport général du commissaire aux comptes et des annexes (état des cautionnements, avals et garanties donnés par l'entreprise, etc.).
- Dépôt au greffe des comptes consolidés par les sociétés commerciales qui en établissent.
- Inventaire des valeurs mobilières détenues par les sociétés offrant leurs titres au public et tableau de répartition et d'affectation des sommes distribuables dans ces mêmes sociétés.
- Publicité des créances fiscales, sociales et douanières impayées.

B. Obligations comptables prévisionnelles

Obligation d'établir des documents prévisionnels : situation de l'actif réalisable et disponible et du passif exigible, tableau de financement, compte de résultat et plan de financement prévisionnels, pour les groupements qui emploient au moins 300 salariés et qui réalisent un CA HT au moins égal à 18 M€.

C. Intervention des groupements de prévention agréés (GPA)

Missions : assister le dirigeant d'entreprise adhérent dans l'analyse de sa comptabilité, dans sa gestion et fournir une analyse économique de l'entreprise ; il informe le dirigeant des **indices de difficulté** qu'il relève.

II ▶ Prévention par l'alerte

A. Alerte d'origine interne

▶ Par le commissaire aux comptes

Alerte déclenchée *obligatoirement* quand le CAC relève des **faits de nature à compromettre la continuité d'exploitation**.

▶ Par le comité d'entreprise (ou les délégués du personnel)

Alerte *facultative* quand le CE a connaissance de **faits de nature à affecter de manière préoccupante la situation économique de l'entreprise**.

▶ Par les associés (SARL et SA)

Les associés des SARL et les actionnaires d'une SA (représentant au moins 1/20e du capital) peuvent, deux fois par exercice, poser par écrit des questions aux dirigeants sur **tout fait de nature à compromettre l'exploitation**.

B. Alerte d'origine externe

▶ Par le président du tribunal de commerce

Alerte *facultative*.

▶ Par les groupements de prévention agréée

L'adhésion au groupement est *facultative*, mais l'alerte est **obligatoire** quand le groupement relève des **indices de difficultés**.

III ▶ Mandat *ad hoc* et procédure de conciliation

A. Conditions d'application

▶ Conditions de fond

L'entreprise doit :

- être une entreprise commerciale ou artisanale ou une personne morale de droit privé (qu'elle ait ou non une activité économique). La procédure de conciliation s'applique aux personnes physiques ayant une activité professionnelle indépendante (profession libérale) ;
- éprouver une difficulté juridique, économique ou financière avérée ou prévisible.

Les entreprises qui sont en cessation des paiements depuis moins de 45 jours peuvent demander à bénéficier de la procédure de conciliation.

▶ Conditions de forme

Demande émanant exclusivement du **débiteur** qui peut proposer un mandataire ad hoc.

▶ Mise en place de la prévention

• Nomination d'un mandataire *ad hoc* ou d'un conciliateur par le président du tribunal.

• Mission du mandataire *ad hoc* : relatée dans un rapport remis en fin de mission (ex. audit de l'entreprise).

• Mission du conciliateur : déterminée par le président du tribunal (favoriser un accord amiable entre le débiteur et ses principaux créanciers).

B. Portée de l'accord de conciliation

▶ Constatation de l'accord de conciliation par le président du tribunal

Fin de la cessation des paiements, le cas échéant.

FICHE 21

▶ Homologation de l'accord de conciliation par le tribunal

Sur demande du débiteur.

Fin de la procédure de conciliation. Suspension de toute action en justice et de toute poursuite individuelle.

▶ Conséquence de l'inexécution de l'accord

Le tribunal :

- prononce la résolution de l'accord et la déchéance des délais de paiement ;
- ouvre une procédure de sauvegarde, de redressement judiciaire ou de liquidation judiciaire.

Les personnes qui avaient consenti dans le cadre de l'accord, un nouvel apport en trésorerie au débiteur, sont payées *en priorité* pour le montant de l'apport (**privilège de l'argent frais**).

Le traitement des difficultés de l'entreprise

Le « traitement » des difficultés consiste à appliquer à l'entreprise une procédure collective.

FICHE 22

I ▶ Procédures collectives

Ce sont des procédures qui s'appliquent à tous les créanciers de l'entreprise qui est en difficulté.

La loi prévoit différentes procédures collectives qui sont les procédures de **sauvegarde**, de **sauvegarde financière accélérée** (SFA), de sauvegarde accélérée, de **redressement judiciaire** et de **liquidation judiciaire** et de rétablissement personnel.

Compte tenu de sa spécificité, la SFA (instituée par la loi du 22 octobre 2010) sera évoquée à la fin du tableau présenté ci-après.

Éléments de la procédure	Procédure de SAUVEGARDE	Procédure de REDRESSEMENT JUDICIAIRE	Procédure de LIQUIDATION JUDICIAIRE
CONDITIONS D'OUVERTURE DE LA PROCÉDURE			
Personnes concernées	• **Tout commerçant, artisan, agriculteur**, toute personne physique qui exerce une **activité indépendante**, y compris une **profession libérale** (soumise à un statut législatif ou réglementaire ou dont le titre est protégé). • **Toute personne morale de droit privé**, qu'elle ait ou non une activité économique.		
Situation économique	Le débiteur justifie de « difficultés qu'il n'est pas en mesure de surmonter ». Il **N'EST PAS EN CESSATION DES PAIEMENTS**.	Le débiteur **EST EN CESSATION DES PAIEMENTS**, c'est-à-dire qu'il est « dans l'impossibilité de faire face au passif exigible avec son actif disponible. » Passif exigible = passif échu, où les dettes sont liquides, exigibles et certaines.	Le débiteur **EST EN CESSATION DES PAIEMENTS** **ET** **SON REDRESSEMENT EST MANIFESTEMENT IMPOSSIBLE**.
But de la procédure	Faciliter la réorganisation de l'entreprise afin de permettre la poursuite de l'activité économique, le maintien de l'emploi et l'apurement du passif.	Permettre « la poursuite de l'activité de l'entreprise, le maintien de l'emploi et l'apurement du passif ».	Principe : réaliser les actifs de l'entreprise en vue de l'apurement du passif.
Dimension de l'entreprise	La désignation d'un administrateur judiciaire est facultative quand le débiteur emploie un nombre de salariés inférieur à 20 et réalise un chiffre d'affaires hors taxes inférieur à 3 000 000 €.		La loi a prévu une **procédure de liquidation judiciaire simplifiée** : **a) OBLIGATOIRE** pour les entreprises qui remplissent les conditions suivantes : • l'actif ne comprend pas de biens immobiliers ; • nombre de salariés ⩽ 1 et CA HT ⩽ 300 000 €. **b) FACULTATIVE** pour les entreprises qui remplissent les conditions suivantes : • l'actif ne comprend pas de biens immobiliers ; • nombre de salariés compris entre 1 et 5 et CA HT ⩽ 750 000 €.
OUVERTURE DE LA PROCÉDURE			
Saisine du tribunal	**Seulement par le débiteur.** Il peut proposer au tribunal la désignation d'un administrateur judiciaire de son choix.	• Le **débiteur** doit demander l'ouverture **au plus tard dans les 45 jours qui suivent la cessation des paiements** (s'il n'a pas demandé l'ouverture d'une procédure de conciliation). • Le **tribunal** peut se saisir d'office. • Un **créancier** peut assigner le débiteur. • Le **ministère public** peut saisir le tribunal.	

Éléments de la procédure	Procédure de SAUVEGARDE	Procédure de REDRESSEMENT JUDICIAIRE	Procédure de LIQUIDATION JUDICIAIRE
Tribunal compétent	Le **tribunal de commerce** est compétent si le débiteur exerce une activité commerciale ou artisanale ; dans les autres cas (exemple : profession libérale), c'est le **tribunal de grande instance**. Le tribunal **territorialement** compétent pour les procédures collectives est celui dans le ressort duquel est situé le siège social ou l'adresse de l'entreprise ou de l'activité.		
Auditions	Avant de statuer, le tribunal ***doit*** entendre **en chambre du conseil** : le débiteur, les représentants du CE (à défaut : les DP), l'ordre professionnel concerné, le ministère public (quand le débiteur a bénéficié d'un mandat ad hoc ou d'une procédure de conciliation dans les 18 mois précédents).		
Nomination *facultative* d'un juge enquêteur	Avant de prendre sa décision, le tribunal **peut** nommer ce juge ; il recueillera tous les renseignements utiles sur la situation financière, économique et sociale de l'entreprise (auprès du CAC, des membres et représentants du personnel…).		
Contenu du jugement	Mise en place des **organes** de la procédure.	Le tribunal fixe la **date de cessation des paiements** (qui ne peut être antérieure de plus de 18 mois à la date du jugement d'ouverture de la procédure) et met en place les **organes** de la procédure.	
Prise en compte de la situation du débiteur		Lorsque le débiteur est en état de cessation des paiements et qu'il a demandé l'ouverture d'un redressement judiciaire et que sa situation apparaît manifestement insusceptible de redressement, le tribunal doit l'inviter à présenter ses observations sur l'existence des conditions d'ouverture d'une procédure de liquidation judiciaire. La loi prévoit une procédure identique lorsque le débiteur a demandé l'ouverture d'une liquidation judiciaire alors que son redressement est manifestement possible.	
EFFETS DU JUGEMENT D'OUVERTURE DE LA PROCÉDURE : LE DÉROULEMENT DE LA PÉRIODE D'OBSERVATION			
Durée de la période d'observation (PO)	***6 mois maximum ; peut être renouvelée une fois*** (à la demande de l'administrateur, du débiteur, du ministère public). Elle peut être prolongée exceptionnellement à la demande du ministère public pour une durée de 6 mois.		Remarque : la LJ peut avoir lieu pendant la PO
Maintien de l'activité de l'entreprise		Il **peut être autorisé** par le tribunal pour une durée de 3 mois maximum, notamment **si** la cession totale ou partielle de l'entreprise est envisageable ou si l'intérêt public l'exige.	

<table>
<tr><th>Éléments
de la procédure</th><th>Procédure
de SAUVEGARDE</th><th>Procédure
de REDRESSEMENT JUDICIAIRE</th><th>Procédure
de LIQUIDATION JUDICIAIRE</th></tr>
<tr><td>Mission
des organes
de la procédure</td><td colspan="2">Pour prendre des décisions :
• Le juge-commissaire est « chargé de veiller au déroulement rapide de la procédure et à la protection des intérêts en présence » ; il désigne les contrôleurs.
• L'administrateur judiciaire (AJ) a une mission déterminée par le tribunal, qui peut la modifier à tout moment.
NB : dans sa mission d'assistance ou de remplacement du débiteur, l'AJ est tenu au respect de toutes les obligations légales ou conventionnelles qui incombent habituellement au chef d'entreprise.
• Le mandataire judiciaire a seul qualité pour agir au nom et dans l'intérêt collectif des créanciers.

Pour contrôler :
• Les créanciers contrôleurs (1 à 5 personnes, qui sont désignées à l'initiative du juge-commissaire) qui assistent le mandataire judiciaire et le juge-commissaire dans sa mission de surveillance de l'administration de l'entreprise.
• Le représentant des salariés est désigné par le CE (ou, à défaut par les DP ou les salariés) qui veille à la protection des droits des salariés.
• Le ministère public, qui est obligatoirement présent quand le tribunal examine l'ouverture d'une procédure de sauvegarde à l'égard d'un débiteur qui a auparavant obtenu la nomination d'un mandataire ad hoc ou fait l'objet d'une procédure de conciliation.
• De plus, le tribunal désigne : soit un commissaire-priseur judiciaire, soit un huissier, soit un notaire, soit un courtier en marchandise assermenté pour réaliser l'inventaire et la prisée du patrimoine du débiteur.

<u>Pour informer</u> :
• Le tribunal peut nommer un ou plusieurs experts pour une mission qu'il détermine lui-même.</td><td>• Le juge-commissaire est « chargé de veiller au déroulement rapide de la procédure et à la protection des intérêts en présence ».
• Le mandataire judiciaire est nommé en qualité de liquidateur.
• Les créanciers contrôleurs (qui sont désignés à l'initiative du juge-commissaire).
• Le représentant des salariés, qui veille à la protection des droits des salariés.
• Le ministère public.
• Des experts, qui vont dresser un inventaire et une prisée du patrimoine du débiteur et des garanties qui grèvent ce patrimoine.
• A noter : le tribunal doit aussi nommer notamment un commissaire-priseur judiciaire, un huissier, un notaire.

<u>MISSION DU LIQUIDATEUR</u> :
• établir dans le mois de sa désignation, un rapport sur la situation du débiteur ;
• demander au débiteur d'effectuer les actes conservatoires… ;
• administrer l'entreprise ; il peut notamment exiger la poursuite des contrats en cours ;
• agir au nom et dans l'intérêt collectif des créanciers ;
• agréer les demandes de revendication avec l'accord du débiteur.</td></tr>
</table>

Éléments de la procédure	Procédure de SAUVEGARDE	Procédure de REDRESSEMENT JUDICIAIRE	Procédure de LIQUIDATION JUDICIAIRE
Régime de la procédure simplifiée	S'il n'y a pas d'administrateur judiciaire : **le débiteur exerce seul la faculté de poursuivre le contrat en cours** ; en cas de désaccord, le juge-commissaire tranche le litige. **Le débiteur établi un projet de plan** avec l'assistance éventuelle d'un expert qui peut être nommé par le tribunal. Ce projet est déposé au greffe du tribunal ; ce dernier prend sa décision au vu d'un **rapport du juge-commissaire**.		Le tribunal détermine les biens du débiteur qui peuvent faire l'objet d'une **vente de gré à gré** ; le liquidateur procède à leur vente dans les 3 mois de la publication du jugement. Puis, il sera procédé à une **vente aux enchères publiques** des biens qui subsisteraient. A la fin de la procédure de vérification et d'admission des créances, le liquidateur établit un **projet de répartition** de ces créances. Au plus tard un an après l'ouverture de la procédure, le tribunal prononce la clôture de la liquidation judiciaire.
Préparation du plan	L'AJ élabore le **bilan économique social et environnemental** (quand l'entreprise exploite une ou des installations classées dans les catégories dangereuses). Il peut se faire assister par un ou plusieurs ***experts*** ; il travaille en collaboration avec le **débiteur** et entend toute personne dont l'audition lui paraît utile. Le **juge-commissaire** dispose d'un large pouvoir d'investigation pour fournir des informations à l'AJ. ***Ce bilan*** a un caractère global. Il précise **l'origine, l'importance et la nature des difficultés** de l'entreprise. Il contient des informations **économiques** (situation comptable et financière), **sociales** (effectifs, climat social...), **juridiques** (contrats en cours...).		
Comités de créanciers	Ils sont mis en place quand le débiteur remplit les deux conditions suivantes : • les comptes ont été certifiés par un commissaire aux comptes ou établis par un expert-comptable ; • le nombre de salariés > 150 ou CA > 20 millions €. Même si ces seuils ne sont pas dépassés, le juge-commissaire peut autoriser la création de ces comités. La loi a prévu 2 comités : **l'un est composé des établissements de crédit et** *notamment* **des établissements « assimilés », et l'autre par les principaux fournisseurs de biens et services** (dans ce 2e comité, les fournisseurs dont les créances représentent plus de 3 % du total des créances HT des fournisseurs, sont membres de droit). Les négociations entre ces comités et le débiteur se déroulent dans un délai de 6 mois.		

FICHE 22

<table>
<tr><th>Éléments de la procédure</th><th>Procédure de SAUVEGARDE</th><th>Procédure de REDRESSEMENT JUDICIAIRE</th><th>Procédure de LIQUIDATION JUDICIAIRE</th></tr>
<tr><td>Projet de plan de sauvegarde ou de redressement judiciaire</td><td colspan="2">Le projet de plan de sauvegarde est établi par le débiteur.
Le projet de plan de redressement judiciaire est établi par l'AJ.
Contenu :
• perspectives de redressement en fonction des possibilités de l'entreprise ;
• modalités de poursuite des activités ;
• état du marché ;
• moyens de financement possibles ;
• modalités de règlement du passif et éventuelles garanties que le chef d'entreprise doit souscrire pour en assurer l'exécution ;
• présente et analyse les offres d'acquisition présentées par des tiers, portant sur une ou plusieurs activités ;
• si une modification du capital est prévue : l'assemblée des associés doit être convoquée.

L'AJ propose des délais et remises aux créanciers ayant déclaré leurs créances.
Les administrations financières, les organismes sociaux peuvent accepter de remettre tout ou partie des dettes du débiteur.

Lorsque le plan de sauvegarde ou de redressement est élaboré en présence de comités de créanciers, le dirigeant de la société débitrice (en cas de sauvegarde) ou l'administrateur judiciaire (en cas de redressement judiciaire) ou encore un créancier peut proposer des conversions de créances en titres donnant ou pouvant donner accès au capital de la société. Cette faculté est aussi ouverte en l'absence de comités de créanciers. (Loi 2010-1249 du 22 octobre 2010 de régulation bancaire et financière).

Le bilan économique et social et projet de plan sont communiqués par l'AJ aux autres acteurs de la procédure.</td><td></td></tr>
<tr><td>Projet de plan de redressement : éléments spécifiques</td><td></td><td>Dès l'ouverture de la procédure, les tiers peuvent soumettre à l'administrateur des offres tendant au maintien de l'activité de l'entreprise sous la forme de cession totale ou partielle, dans les conditions légales relatives à la liquidation judiciaire.
Si le plan prévoit des licenciements économiques, il ne peut être arrêté qu'après que l'employeur ou l'administrateur a consulté les représentants du personnel (CE (ou DP), CHSCT) sur ce projet, et notamment sur le PSE (plan de sauvegarde de l'emploi) ; ces derniers doivent rendre leur avis au plus tard le jour ouvré avant l'audience qui statue sur le plan.</td><td></td></tr>
</table>

Éléments de la procédure	Procédure de SAUVEGARDE	Procédure de REDRESSEMENT JUDICIAIRE	Procédure de LIQUIDATION JUDICIAIRE
Situation de l'entreprise	**Le débiteur n'est jamais dessaisi de la gestion** de son entreprise. À tout moment de la PO, il peut demander la conversion de la procédure en RJ si l'adoption d'un plan de sauvegarde est manifestement impossible et si la clôture de la procédure conduirait de manière certaine et à bref délai à la cessation des paiements. L'AJ a *notamment* une mission d'**assistance ou de surveillance** pour tout ou partie des actes de gestion du débiteur. Quand l'AJ est nommé, c'est lui qui peut seul décider la **poursuite ou non des contrats en cours**. <u>NB</u> : les cautions et coobligés personnes physiques **peuvent** se prévaloir de l'arrêt du cours des intérêts.	**Le tribunal fixe la mission du ou des administrateurs judiciaires (AJ)**. L'AJ peut **assister** le débiteur pour tous les actes relatifs à la gestion ou certains d'entre eux **OU assurer seul entièrement ou en partie, l'administration** de l'entreprise. Quand l'AJ est nommé, il peut seul décider la **poursuite ou non des contrats en cours**. *À tout moment de la période d'observation*, le tribunal peut ordonner la cessation partielle de l'activité ou prononcer la liquidation judiciaire. <u>NB</u> : les cautions et coobligés personnes physiques **ne peuvent** se prévaloir de l'arrêt du cours des intérêts. Dès l'ouverture de la procédure, le dirigeant ne peut céder les droits sociaux qu'il détient directement dans l'entreprise ; ils sont virés sur un compte bloqué.	**Le maintien de l'activité de l'entreprise** peut être autorisé par le tribunal pour une durée maximale de 3 mois ou jusqu'à l'arrêté d'un plan de cession totale de l'entreprise. **Le débiteur est dessaisi de plein droit de l'administration de l'entreprise** et de la disposition de ses biens, jusqu'à la clôture de la liquidation. *Quand le débiteur est une personne morale*, le *siège social* est fixé au domicile du représentant légal ou du mandataire désigné par le tribunal.
Situation des créanciers	**Les créanciers qui financent la période d'observation** détiennent des **créances**, *postérieures au jugement d'ouverture de la procédure* qui sont **payées à l'échéance**. De plus, ces créanciers disposent d'un **privilège** pour le paiement de leurs créances ; toutefois, ce privilège est primé par le superprivilège des salariés, le privilège des frais de justice et le privilège des créanciers ayant fourni un nouvel apport en trésorerie dans le cadre d'une conciliation débouchant sur un accord homologué.		**Les créances nées après le jugement de liquidation** sont payées **à échéance** ; *à défaut*, elles sont payées par privilège avant toutes les autres créances sauf notamment celles qui sont garanties par le superprivilège des salariés, le privilège des frais de justice, et celles qui sont garanties par des sûretés immobilières ou des sûretés mobilières spéciales.

<table>
<tr><th>Éléments de la procédure</th><th>Procédure de SAUVEGARDE</th><th>Procédure de REDRESSEMENT JUDICIAIRE</th><th>Procédure de LIQUIDATION JUDICIAIRE</th></tr>
<tr><td>Situation des salariés</td><td colspan="2">• Les créances salariales dues avant le jugement d'ouverture sont super-privilégiées pour les 60 derniers jours de travail. Un relevé en en est fait dans les 10 jours du jugement d'ouverture.
• Pour les autres créances : relevé dans les 3 mois.
• Les créances salariales liées à la poursuite de l'activité sont payées normalement.

Les licenciements pour motif économique sont décidés par le juge-commissaire ; ils doivent présenter un caractère urgent, inévitable et indispensable.</td><td>• Les créances salariales dues avant le jugement d'ouverture sont superprivilégiées pour les 60 derniers jours de travail.

• Les créances salariales liées à la poursuite de l'activité sont payées normalement.</td></tr>
<tr><td rowspan="2">Évaluation de l'ACTIF de l'entreprise</td><td colspan="2">• Le jugement d'ouverture de la procédure emporte en principe l'interdiction de payer toute créance née antérieurement au jugement d'ouverture.
• À compter du jugement d'ouverture, il est interdit au débiteur de payer certaines créances nées après le jugement d'ouverture, de consentir une hypothèque ou un nantissement (sauf sur autorisation du juge-commissaire).

• L'administrateur demande au débiteur d'effectuer tous les actes nécessaires à la conservation des droits de l'entreprise contre les débiteurs de celle-ci et à la préservation des capacités de production.
• Il est dressé un inventaire et une prisée du patrimoine du débiteur et des garanties qui grèvent ce patrimoine.

• Les créanciers peuvent, dans certains cas, exercer un droit de revendication, notamment quand ils bénéficient d'une clause de réserve de propriété ou un droit de rétention.</td><td>• Le jugement emporte :
– l'interdiction (en principe) de payer toute créance née antérieurement au jugement d'ouverture ;
– l'interdiction (en principe) de payer toute créance née après le jugement.
• La LJ n'entraîne pas automatiquement la résiliation du bail d'immeuble.

• Il est dressé un inventaire et une prisée du patrimoine du débiteur et des garanties qui grèvent ce patrimoine.
• Les créanciers peuvent exercer leur droit de revendication, notamment quand ils bénéficient d'une clause de réserve de propriété.</td></tr>
<tr><td>Seul le débiteur peut être autorisé par le juge-commissaire à passer des actes de disposition étrangers à la gestion courante, à compromettre ou transiger.</td><td>Le débiteur ne peut effectuer d'acte de disposition étranger à la gestion courante de l'entreprise.</td><td></td></tr>
<tr><td rowspan="2">Reconstitution des capitaux propres</td><td colspan="2">Si, du fait des pertes constatées dans les documents comptables, les capitaux propres sont inférieurs à la moitié du capital social, l'assemblée est d'abord appelée à reconstituer ces capitaux à concurrence du montant proposé par l'administrateur et qui ne peut être inférieur à la moitié du capital social.</td><td></td></tr>
<tr><td></td><td>Si les capitaux propres n'ont pas été reconstitués, l'administrateur a qualité pour demander la désignation d'un mandataire en justice chargé de convoquer l'assemblée compétente et de voter sur la reconstitution du capital.</td><td></td></tr>
</table>

Éléments de la procédure	Procédure de SAUVEGARDE	Procédure de REDRESSEMENT JUDICIAIRE	Procédure de LIQUIDATION JUDICIAIRE
La reconstitution de l'actif par les nullités de la période suspecte		La loi prévoit que **certains actes** effectués par le débiteur au cours de la **période suspecte** (entre la date de la cessation des paiements et le jugement d'ouverture de la procédure) sont : • nuls de plein droit (exemples : actes sans contrepartie ou paiements anormaux, garanties suspectes, tout transfert de biens ou de droits dans un patrimoine fiduciaire) : **nullités obligatoires** ; **OU** • nuls facultativement (par exemple : actes à titre gratuit faits dans les 6 mois qui précèdent la période suspecte) : **nullités facultatives**. → Ces **nullités** visent à reconstituer le patrimoine du débiteur au profit des créanciers ; elles sont rétroactives.	
Évaluation du PASSIF de l'entreprise	• Le jugement d'ouverture de la procédure interrompt ou interdit les **actions en justice individuelles** qui visent notamment à la condamnation du débiteur au paiement d'une somme d'argent. • Par ailleurs, le **cours des intérêts** est arrêté (sauf pour les contrats de prêt conclus pour une durée supérieure ou égale à 1 an ou des contrats assortis d'un paiement différé de 1 an ou plus). **NB : les cautions et les coobligés *ne peuvent* se prévaloir de ces dispositions dans le cadre d'une procédure de liquidation judiciaire.** • Les **hypothèques**, **nantissements** et **privilèges** ne peuvent plus être inscrits postérieurement au jugement d'ouverture. • Tous les créanciers antérieurs au jugement d'ouverture (à l'exception des salariés) doivent **déclarer leur créance** (montant principal et intérêts échus) auprès du mandataire judiciaire dans le délai de 2 mois à compter de la publication du jugement d'ouverture au BODACC. En cas de déclaration hors délai, le créancier est forclos. Le mandataire vérifie les créances, en établit la *liste* avec les propositions d'admission, de rejet ou de renvoi devant le tribunal ; le juge-commissaire admet ou rejette ensuite les créances. Les créanciers peuvent contester dans un délai de 30 jours devant le juge-commissaire. • **Le conjoint du débiteur** établit la ***liste de ses biens personnels*** (*cf.* le régime matrimonial) ; cette liste peut être contestée notamment par les créanciers… et les biens peuvent être réintégrés dans le patrimoine de l'entreprise.		
DÉNOUEMENT DE LA PROCÉDURE			
Cas de la cession totale ou partielle de l'entreprise	Remarque : *à tout moment de la PO* : le tribunal peut décider : • la **cessation partielle** de l'activité ; • le cas échéant, la **transformation de la procédure** de sauvegarde en procédure de RJ ou de LJ.	Le tribunal la décide **lorsque le débiteur « est dans l'impossibilité d'assurer lui-même le redressement de son entreprise »**.	La cession peut être **totale ou partielle**. *Si elle est partielle*, elle porte sur « un ensemble d'éléments d'exploitation qui forment une ou plusieurs branches d'activité complètes et autonomes ». Quand le **plan de cession prévoit des licenciements économiques**, il ne peut être arrêté qu'après que l'employeur ou le liquidateur a consulté les **représentants du personnel** (CE (ou DP), CHSCT) sur ce projet de licenciement et notamment sur le PSE. Ces représentants doivent rendre leur **avis** au plus tard le jour ouvré avant l'audience qui statue sur le plan.

Éléments de la procédure	Procédure de SAUVEGARDE	Procédure de REDRESSEMENT JUDICIAIRE	Procédure de LIQUIDATION JUDICIAIRE
Présentation des offres de reprise	Le tribunal autorise la poursuite de l'activité et fixe le délai dans lequel les **offres de reprise** doivent parvenir au liquidateur et à l'AJ. Toute offre est **écrite** et son contenu est fixé par la loi : *notamment* : • désignation des biens, droits et contrats ; • prévisions d'activité et de financement ; • prix offert, modalités de paiement ; • niveau et perspective d'emplois ; • garanties souscrites pour assurer l'exécution de l'offre ; • les prévisions de cessions d'actifs au cours des 2 années suivant la cession. Les offres, qui doivent présenter des **garanties de moralité**, sont déposées au greffe. Le liquidateur prépare le **projet de plan de cession**. Ensuite, il recevra et distribuera le prix de vente.		
Contenu du jugement	**Lorsqu'il existe une sérieuse possibilité pour l'entreprise d'être sauvegardée**, le tribunal arrête un **plan de sauvegarde** et met fin à la période d'observation. **Ce plan peut comporter l'arrêt, l'adjonction ou la cession d'une ou plusieurs activités.** NB : les cautions personnes physiques ou ayant consenti une garantie autonome peuvent se prévaloir du plan de sauvegarde. Le tribunal prend sa décision après avoir procédé à diverses auditions (débiteur, AJ…). Il nomme, pour la durée du plan, l'administrateur judiciaire ou le mandataire judiciaire en qualité de **commissaire à l'exécution du plan**.	Sort de l'entreprise : **plan de redressement** **OU** **cession totale ou partielle de l'entreprise quand le débiteur « est dans l'impossibilité d'assurer lui-même le redressement de son entreprise ».** Le plan précise, le cas échéant, **les licenciements** qui doivent intervenir **dans le délai d'un mois après le jugement**. Le tribunal peut subordonner l'adoption du plan de RJ à l'incessibilité ou à la cession forcée des titres détenus par le dirigeant ou au remplacement de celui-ci.	**En cas de cession totale ou partielle de l'entreprise** : *le tribunal* : • retient l'offre qui permet d'assurer dans les meilleures conditions l'emploi, le paiement des créanciers et qui présente les meilleures garanties d'exécution ; • détermine les contrats cédés ; • à propos des licenciements pour motif économique qui doivent intervenir dans le mois du jugement qui arrête le plan de cession : consulter le comité d'entreprise (ou, à défaut, les délégués du personnel) et informer la DDTE). NB : quand le plan de cession est arrêté par le tribunal, il peut être modifié, sauf sur le prix de cession.

<table>
<tr><th>Éléments de la procédure</th><th>Procédure de SAUVEGARDE</th><th>Procédure de REDRESSEMENT JUDICIAIRE</th><th>Procédure de LIQUIDATION JUDICIAIRE</th></tr>
<tr><td><u>Engagements</u> dans le plan de sauvegarde ou de redressement judiciaire</td><td colspan="2">Ils portent sur :
• l'avenir de l'activité ;
• les modalités du maintien de l'entreprise ;
• les modalités de son financement ;
• les modalités du règlement du passif né avant le jugement d'ouverture ; le tribunal donne acte des délais et remises acceptés par les créanciers ;
• les éventuelles garanties fournies pour en assurer l'exécution.

De plus, le plan :
• expose et justifie le niveau et les perspectives de l'emploi et les conditions sociales envisagées pour la poursuite de l'activité ;
• mentionne les éventuelles modifications des statuts nécessaires à la réorganisation de l'entreprise.</td><td></td></tr>
<tr><td>Durée du plan</td><td colspan="2">10 ans maximum.</td><td></td></tr>
<tr><td>Effets du plan</td><td colspan="2">Notamment :
• levée de l'interdiction d'émettre des chèques ;
• inaliénabilité de certains biens ;
• éventuelle augmentation du capital ;
• les délais de paiement accordés au débiteur ne peuvent excéder la durée du plan et le 1er paiement ne peut intervenir au-delà du délai d'un an. Au-delà de la 2e année, le montant de chacune des annuités prévues par le plan ne peut être inférieure à 5 % du passif admis ;
NB : le tribunal impose des délais uniformes de paiement aux créanciers qui n'ont accordé aucun délai ou aucune remise.
Certains créanciers peuvent obtenir des délais plus brefs s'ils acceptent une réduction proportionnelle du montant de leur créance.

• Certaines créances ne font l'objet ni de remise, ni de délai de paiement : créances salariales superprivilégiées, créances les plus faibles (dans la limite de 5 % du passif estimé).

• Lors de la vente d'un bien grevé d'un privilège spécial, d'un nantissement ou d'une hypothèque, la quote-part du prix est versée en compte de dépôt à la CDC ; les créanciers sont payés sur le prix après le paiement des créances salariales superprivilégiées.

Le plan peut faire l'objet d'une modification substantielle.</td><td></td></tr>
</table>

Éléments de la procédure	Procédure de SAUVEGARDE	Procédure de REDRESSEMENT JUDICIAIRE	Procédure de LIQUIDATION JUDICIAIRE
Résolution du plan	Le tribunal peut la décider si le débiteur **n'exécute pas ses engagements** dans les délais fixés par le plan. *Si la cessation des paiements intervient lors de l'exécution du plan de sauvegarde* : le tribunal décide, après avis du ministère public, sa résolution ; il peut prononcer le redressement judiciaire ou la liquidation judiciaire. *Si la cessation des paiements intervient lors de l'exécution du plan de redressement judiciaire* : le tribunal prononce la liquidation judiciaire.		
Réalisation de l'actif			• Le liquidateur procède aux opérations de **liquidation** en même temps qu'il effectue la **vérification des créances**. • En dehors de la **cession d'éléments de l'entreprise**, les **actifs** (immeubles...) **du débiteur** pris individuellement vont être cédés. Les **biens gagés** qui ne sont pas retirés par le liquidateur sont réalisés par le liquidateur. • Toutes les cessions doivent faire l'objet de **publicité**.
Clôture des opérations			• Le tribunal prononce la **clôture de la liquidation** *quand* le passif exigible n'existe plus *ou* que le liquidateur dispose de sommes suffisantes pour désintéresser les créanciers *ou* que la poursuite des opérations de liquidation est devenue impossible en raison de « l'insuffisance d'actif ». • La liquidation peut être clôturée lorsque l'intérêt de la poursuite des opérations est disproportionné par rapport aux difficultés de réalisation des actifs résiduels. NB : la société est dissoute après la clôture de la liquidation. • Le liquidateur **rend les comptes de liquidation**. • En principe, les créanciers **ne recouvrent pas leur droit de poursuite individuelle**. Exception : après la clôture de la procédure pour insuffisance d'actif, un créancier recouvre son droit de poursuivre le débiteur si ce dernier a bénéficié, au cours des cinq années précédant l'ouverture de la liquidation, d'un effacement de dettes dans le cadre d'un rétablissement personnel.

▶ La procédure de sauvegarde financière accélérée (SFA)

Elle a été instituée par la loi 2010-1249 du 22 octobre 2010 de régulation bancaire et financière.

La **procédure de sauvegarde financière accélérée** (SFA) se situe entre la conciliation et la sauvegarde « classique ». Elle est applicable aux créanciers financiers.

Objectif de la SFA : favoriser la négociation en amont d'un plan de restructuration des dettes avec les créanciers visés par la loi (*cf.* la pratique anglo-saxonne du « prepackaged plan »).

Débiteur concerné : le **débiteur** doit présenter les mêmes caractéristiques que pour les autres procédures collectives (exercice d'une activité commerciale...). De plus, il doit répondre aux conditions cumulatives suivantes :

- être engagé dans une **procédure de conciliation** en cours ;
- justifier de difficultés qu'il n'est pas en mesure de surmonter sans pour autant être en cessation des paiements ; ses **comptes** doivent avoir été certifiés par un **commissaire aux comptes** ou établis par un **expert-comptable** ;
- le nombre de ses salariés doit être supérieur à 150 à la date de la demande ou son chiffre d'affaires hors taxes supérieur à 20 millions d'euros pour le dernier exercice clos ;
- avoir élaboré un **projet de plan de sauvegarde** visant à assurer la pérennité de l'entreprise et susceptible de recueillir un soutien suffisamment large des créanciers financiers.

Créanciers concernés :

- les **membres du comité des établissements de crédit et assimilés** ;
- les **créanciers obligataires**.

Conséquences pour les créanciers financiers qui ont participé à la négociation du plan :

- Ces créanciers peuvent **déclarer les créances** comme dans la procédure de sauvegarde « classique » : ils n'y sont donc pas obligés.
- Leurs créances figurent sur une liste établie par le débiteur, certifiée par le commissaire aux comptes (ou, à défaut, l'expert-comptable). Cette liste étant ensuite déposée au greffe du tribunal, les créances sont réputées déclarées.

Sort du projet de plan de sauvegarde proposé par le débiteur :

- Le **plan de sauvegarde financière accélérée** proposé par le débiteur est soumis à l'approbation du comité des établissements de crédit et, le cas échéant, de l'assemblée des obligataires.
- Le **tribunal** arrête le plan (dans le délai d'un mois à compter du jugement d'ouverture ; il peut proroger ce délai d'un mois) adopté par les créanciers financiers après s'être assuré que les intérêts de tous les créanciers sont suffisamment protégés.

• Si le plan n'est pas adopté par les créanciers ou arrêté par le tribunal (dans les délais légaux), le tribunal met fin à la procédure.

• En cas d'échec de la SFA, le débiteur peut, selon sa situation, demander l'ouverture d'une procédure de sauvegarde « classique » ou d'un redressement judiciaire.

Entrée en vigueur de la loi du 22 octobre 2010 : la SFA est applicable aux procédures de conciliation ouvertes à compter du 1er mars 2011.

▶ La procédure de sauvegarde accélérée

Elle a été créée par l'ordonnance 2014-326 du 12 mars 2014.

Objectif : étendre largement aux entreprises la possibilité d'adopter rapidement **un plan prénégocié au cours d'une conciliation**.

Débiteur concerné : le débiteur qui demande l'ouverte d'une procédure de sauvegarde accélérée doit remplir les conditions suivantes :

- être engagé dans une **procédure de conciliation** ;
- justifier avoir élaboré un **projet de plan** tendant à assurer la pérennité de l'entreprise. Ce projet doit être susceptible de recueillir, de la part des **créanciers** à l'égard de qui l'ouverture de la procédure produira effet, un **soutien** suffisamment large pour rendre vraisemblable son adoption dans un délai de 3 mois à compter du jugement d'ouverture de la procédure ;
- SOIT avoir des **comptes certifiés** par un commissaire aux comptes ou établis par un expert-comptable ET un nombre de salariés supérieur à 20 à la date de la demande OU un chiffre d'affaires hors taxe supérieur à 3 000 000 € OU un total de bilan de plus de 1 500 000 € à la date de la clôture du dernier exercice comptable, SOIT avoir établi des comptes consolidés ;
- ne **pas être en cessation des paiements** depuis plus de quarante-cinq jours à la date de la demande d'ouverture de la procédure de conciliation.

Créanciers concernés

• les créanciers dont la créance est née **AVANT l'ouverture de la procédure (à l'exception des salariés)** ;

• les cocontractants de l'entreprise si le contrat est en cours à la date d'ouverture de la sauvegarde ;

• les établissements de crédit et assimilés déjà créanciers de l'entreprise et, les échéant, les obligataires.

Les créanciers qui ont participé à la conciliation **ne sont pas tenus de déclarer leurs créances**.

Comités de créanciers : leur constitution est **obligatoire** dans toute sauvegarde accélérée. Si les seuils prévus pour la sauvegarde financière accélérée ne sont pas atteints, cette constitution est nécessaire pour l'ouverture de la procédure.

Plan de sauvegarde : le **projet de plan** présenté aux comités de créanciers est en principe celui qui a été prénégocié dans le cadre de la conciliation. Cependant, un membre des comités peut **présenter un projet de plan parallèle.**

Le tribunal arrête le plan voté par les comités de créanciers dans un délai de trois mois à compter du jugement d'ouverture. Il ne peut imposer aux créanciers hors comité des délais uniformes de paiement. À défaut d'arrêté de plan dans ce délai, le tribunal **clôture la procédure**.

▶ La procédure de rétablissement professionnel

Elle a été créée par l'ordonnance 2014-326 du 12 mars 2014.

Objectif : **effacer les dettes professionnelles sans liquidation**.

Débiteur concerné : tout débiteur, **personne physique**, exerçant une activité commerciale, artisanale ou professionnelle indépendante (notamment une profession libérale), tout agriculteur qui doit remplir les **conditions** suivantes :

– ne pas faire l'objet d'une **procédure collective** en cours ;

– n'avoir employé aucun salarié au cours des six derniers mois et ne pas être dans une instance prud'homale ;

– disposer d'un actif déclaré d'une valeur inférieure à 5 000 € ;

– ne pas avoir affecté à l'activité professionnelle en difficulté un **patrimoine séparé de son patrimoine personnel** ;

– ne pas avoir fait l'objet, depuis moins de cinq ans, au titre de l'un quelconque de ses patrimoines, d'une procédure de liquidation judiciaire clôturée pour insuffisance d'actif ou d'une décision de clôture d'une procédure de rétablissement professionnel.

Déroulement de la procédure

• Ouverture de la procédure : le **débiteur** qui demande l'ouverture d'une procédure de liquidation judiciaire peut, **par le même acte**, solliciter l'ouverture de la procédure de rétablissement professionnel.

Le **tribunal** n'ouvre la procédure de rétablissement professionnel qu'après s'être assuré que les conditions légales (*cf.* précédemment) en sont remplies.

L'avis du **ministère public** est requis **préalablement à l'ouverture de la procédure**.

• Contenu du jugement d'ouverture de la procédure : le tribunal qui ouvre une procédure de rétablissement professionnel désigne un **juge** commis chargé de recueillir tous renseignements sur la **situation patrimoniale du débiteur**, notamment le montant de son passif et la valeur de ses actifs. Il nomme, pour assister le juge commis, un **mandataire judiciaire**.

La procédure est ouverte pour une période de **quatre mois**.

• Actions contre le débiteur en cours de procédure : **si le débiteur est mis en demeure ou poursuivi par un créancier au cours de la procédure**, le juge commis peut, à la demande du débiteur, **reporter le paiement** des sommes dues dans la limite de quatre mois et ordonner, pour cette même durée, la suspension des procédures d'exécution qui auraient été engagées par le créancier.

• Déclaration des créances : le **mandataire judiciaire** informe sans délai les créanciers connus de l'ouverture de la procédure et les invite à lui communiquer,

FICHE 22

dans un **délai de deux mois** à compter de la réception de cet avis, le montant de leur créance avec indication des sommes à échoir et de la date des échéances ainsi que toute information utile relative aux droits patrimoniaux dont ils indiquent être titulaires à l'égard du débiteur.

• Cas de mise en liquidation judiciaire du débiteur : à tout moment de la procédure de rétablissement professionnel, le tribunal **peut** ouvrir la procédure de liquidation judiciaire demandée simultanément à celle-ci :

– **sur rapport du juge commis**, s'il est établi que le débiteur qui en a sollicité le bénéfice n'est pas de bonne foi ou si l'instruction a fait apparaître l'existence d'éléments susceptibles de donner lieu aux sanctions légales prévues pour les dirigeants (*cf.* ci-après : « le sort des dirigeants dans les procédures collectives ») ;

– s'il apparaît que les conditions d'ouverture de la procédure de rétablissement professionnel n'étaient pas réunies à la date à laquelle le tribunal a statué sur son ouverture ou ne le sont plus depuis.

Le tribunal peut également être saisi en ouverture de la procédure de liquidation judiciaire notamment sur requête du ministère public ou par assignation d'un créancier.

Issue de la procédure : la décision du tribunal : après avoir recueilli l'avis du ministère public et sur le rapport du mandataire judiciaire, le juge commis renvoie l'affaire devant le **tribunal** en vue :

– soit **de la clôture de la procédure de rétablissement professionnel sans liquidation** ;

– **soit de l'ouverture d'une liquidation judiciaire**.

La clôture de la procédure de rétablissement entraîne **l'effacement des dettes à l'égard des créanciers dont la créance est née AVANT le jugement ouvrant la procédure et a été portée à la connaissance du juge.**

Remise en cause de l'effacement des dettes : lorsque, après le prononcé de la clôture de la procédure de rétablissement professionnel, il apparaît que le débiteur a obtenu le bénéfice de cette procédure par une **description incomplète de son actif ou de son passif**, le tribunal, s'il est saisi aux fins d'ouverture d'une procédure de liquidation judiciaire, peut fixer, dans son jugement, la date de **cessation des paiements** à la date d'ouverture de la procédure de rétablissement professionnel sans qu'elle puisse être antérieure de plus de dix-huit mois à la date de ce jugement. La décision du tribunal fait recouvrer leurs droits aux créanciers dont les créances avaient fait l'objet de l'effacement ; ils sont dispensés de déclarer ces créances à la procédure de liquidation judiciaire.

II ▶ Sort des dirigeants dans les procédures collectives

A. Responsabilité pour insuffisance d'actif

▶ Personnes visées

Dirigeants d'une personne morale de droit privé soumise à une procédure collective, personnes physiques représentants permanents de ces dirigeants personnes morales.

▶ Situation

Lorsque la **liquidation judiciaire d'une personne morale** fait apparaître une insuffisance d'actif, le tribunal peut, *en cas de faute de gestion ayant contribué à cette insuffisance d'actif*, décider que le montant en sera supporté par les *dirigeants de droit ou de fait*.

Le tribunal peut déclarer les dirigeants solidairement responsables.

Prescription : trois ans à compter du jugement qui prononce la liquidation judiciaire.

B. Sanctions professionnelles personnelles

▶ Règles communes

Situation : **procédure de redressement judiciaire ou de liquidation judiciaire** ouverte.

Prescription : trois ans à compter du jugement qui prononce l'ouverture de la procédure.

▶ Faillite personnelle

Interdiction de diriger, gérer, administrer ou contrôler, directement ou indirectement, toute entreprise et toute personne morale.

Sanctionne essentiellement des agissements commis dans l'intérêt personnel du dirigeant.

▶ Interdiction de diriger ou contrôler une entreprise commerciale ou une personne morale

Le tribunal peut prononcer, *à la place de la faillite personnelle*, l'interdiction de diriger, gérer, administrer ou contrôler, directement ou indirectement, soit toute entreprise et toute personne morale, soit une ou plusieurs de celles-ci.

C. Sanctions pénales

Condition : ouverture d'une **procédure de redressement judiciaire ou de liquidation judiciaire**.

La ***banqueroute*** (qui est un délit puni de 5 ans d'emprisonnement et de 75 000 € d'amende, et facultativement de la faillite personnelle ou de l'interdiction de gérer) sanctionne des comportements frauduleux (détournements, comptabilité fictive, etc.).

III ▶ L'entreprise en difficulté : aspects de droit communautaire

L'**insolvabilité** est le pendant en droit communautaire des procédures collectives en droit français.

A. Procédure principale d'insolvabilité

FICHE 22

Compétence des juridictions de l'État membre sur le territoire duquel est situé le **centre des intérets principaux** du debiteur.

Loi applicable : celle de l'État membre sur le territoire duquel la procédure est ouverte.

Reconnaissance **de plein droit** du jugement d'ouverture de la procédure, dans les autres États membres. Dessaisissement du débiteur des actifs qui sont situés sur le territoire des États membres, ainsi qu'arrêt des poursuites individuelles.

B. Procédure secondaire

La procédure secondaire est une procédure de liquidation d'un établissement situé dans un autre État membre que celui de l'ouverture de la procédure principale.

Le but de cette procédure est de mieux prendre en compte les intérêts des salariés et des créanciers locaux.

Loi applicable : celle de l'État membre sur le territoire duquel la procédure secondaire est ouverte.

Effets de la procédure secondaire limités aux biens du débiteur situés sur le territoire de cet État. Le passif n'est pas concerné.

C. Procédure territoriale

Lorsqu'une société en cessation des paiements reconnaît que le centre de ses intérêts principaux se trouve dans un autre État membre, elle peut, en l'absence d'ouverture d'une procédure principale dans cet autre État, ouvrir une **procédure territoriale** de redressement ou de liquidation judiciaire dans l'État membre sur le territoire duquel elle exerce son activité.

La transmission de l'entreprise

FICHE 23

I ▶ La transmission de l'entreprise à titre onéreux

Les conditions de validité de droit commun des contrats et les conditions relatives à toutes les ventes s'appliquent à la vente du fonds de commerce et à la vente de droits sociaux.

A. La cession de l'entreprise individuelle

1. Les actifs cédés

Le fonds de commerce – universalité mobilière – est composé d'éléments incorporels et d'éléments corporels.

Remarque. Le fonds de commerce ne peut exister sans l'existence d'une clientèle spécifique et autonome.

Certains contrats sont cédés en même temps que le fonds : le contrat de bail ; les contrats de travail ; les contrats d'assurance de dommage ; les contrats d'édition qui sont transmis à l'acquéreur d'un fonds de commerce d'édition.

Les autres contrats doivent faire l'objet d'une convention expresse, distincte de la vente du fonds.

Les immeubles ne sont pas compris dans le fonds de commerce.

Les créances dont le commerçant est titulaire, ne sont pas des éléments du fonds de commerce. Sauf convention contraire, elles sont donc exclues de la vente du fonds.

Conseils

Il n'est pas d'usage d'insérer dans l'acte de vente, une clause de transfert du passif à l'acquéreur. Une telle clause n'aurait d'effet qu'entre les parties.

2. Les différentes étapes de la vente d'un fonds de commerce

Le contrat de vente est souvent précédé d'une promesse de vente synallagmatique ou unilatérale.

Dans l'acte de vente, le vendeur du fonds de commerce est tenu d'énoncer : le nom du précédent vendeur, la date et la nature de son acte d'acquisition et le prix de cette acquisition ; l'état des privilèges et nantissement grevant le fonds ; le bail, sa durée, le nom et l'adresse du bailleur et du cédant, s'il y a lieu ; le chiffre d'affaires et les bénéfices commerciaux réalisés au cours des trois dernières années d'exploitation (ou depuis son acquisition s'il ne l'a pas exploité pendant trois ans).

L'acte de vente qui ne comporte pas ces mentions peut être annulé.

L'acte de vente doit être enregistré. Ensuite, la vente du fonds de commerce est publiée, dans les *quinze jours* de l'acte dans un JAL et, dans les *quinze jours* de cette publication, au BODACC.

La publication dans le BODACC ouvre un délai de *dix jours* aux créanciers du vendeur pour former une opposition au paiement du prix.

– Les contribuables doivent déclarer la vente au service des impôts dans un délai de *soixante jours*,
– Pendant un délai de trois mois, le cessionnaire peut être tenu pour responsable (notamment du paiement de l'IR et de l'IS).

Au jour de la cession, le vendeur et l'acheteur visent tous les livres de comptabilité qui ont été tenus par le vendeur durant les trois exercices comptables précédant celui de la vente ainsi qu'un document présentant les chiffres d'affaires mensuels réalisés entre la clôture du dernier exercice et le mois précédant celui de la vente.

3. Les effets de la vente du fonds de commerce

▶ La protection de l'acquéreur

– Garanties du droit commun des contrats de vente : la garantie de l'exactitude des énonciations obligatoires, la garantie des vices cachés, la possibilité d'invoquer la nullité pour dol ou erreur sur les qualités substantielles, la garantie de possession paisible et la garantie d'éviction.
– La clause de non-concurrence ou de non-rétablissement peut être insérée dans l'acte,
– La liberté de cession du bail commercial : le locataire de l'immeuble où le fonds est exploité, peut librement céder son bail à l'acquéreur de son fonds de commerce.

▶ La protection du vendeur

• Le privilège du vendeur

Le privilège du vendeur du fonds doit être **inscrit sur un registre public** tenu au greffe du tribunal de commerce. Le privilège ne porte que sur les éléments du fonds, énumérés dans la vente et dans l'inscription, et à défaut de désignation précise, que sur l'enseigne et le nom commercial, le droit au bail, la clientèle et l'achalandage.

Le vendeur dispose du **droit d'être payé par préférence** sur le prix de revente du fonds de commerce et d'un **droit de suite** l'autorisant à faire procéder à la vente forcée du fonds même si celui-ci a été acquis entre temps par un tiers.

• L'action résolutoire

Si l'acheteur ne paye pas le prix, le vendeur peut demander la **résolution de la vente** qui produit des effets entre les parties et à l'égard des tiers.

4. La fiscalité de la cession du fonds de commerce

▶ Régime des plus values professionnelles

Durée de détention du bien cédé	Plus-values		Moins-values	
	Moins de 2 ans	Au moins 2 ans	Moins de 2 ans	Au moins 2 ans
Éléments amortissables	Court terme	- court terme à concurrence des amortissements déduits - long terme pour le surplus	Court terme	Court terme
Éléments non amortissables	Court terme	Long terme	Court terme	Long terme

Alors que les plus ou moins values à court terme constituent un élément du résultat fiscal, la **plus-value nette à long terme** de l'exercice est imposée au taux de 16 % (plus 15,5 % de prélèvements sociaux, soit 31,5 % au total). La **moins-value nette à long terme** est imputable sur les plus-values nettes de même nature des 10 exercices suivants.

Un abattement de 10 % par année de détention après la cinquième année s'applique aux plus-values à long terme réalisées par les entreprises relevant de l'IR sur les immeubles inscrits à l'actif et affectés à l'exploitation.

• Exonération des plus-values en cas de transmission d'une entreprise individuelle ou d'une branche d'activité

Sont totalement ou partiellement exonérées de l'IR ou de l'IS, les plus-values de cession d'actifs professionnels réalisées par : les entreprises individuelles (BIC, BNC ou BA) ; les contribuables qui exercent leur activité professionnelle dans une entreprise relevant de l'IR et dont les bénéfices sont imposés à leur nom ; les parts de sociétés soumises à l'IS qui emploient moins de 250 salariés et qui réalisent un CA inférieur à 50 M€ ou un total de bilan inférieur à 43 M€ ; **à l'occasion de la transmission** à titre onéreux ou gratuit d'une entreprise individuelle, d'une branche complète d'activité, ou d'éléments assimilés à une branche complète d'activité.

- Les activités cédées doivent avoir été exercées pendant au moins **cinq ans**.
- Les plus-values sur les **immeubles** sont exclues de l'exonération.
- Le cédant ne doit **pas exercer la direction effective** de l'entreprise cessionnaire ni y exercer plus de 50 % des droits sociaux.

Remarque. L'exonération est totale lorsque la valeur des droits ou parts n'excède pas 300 000 €, elle est dégressive entre 300 000 et 500 000 €.

• Exonération des plus-values en cas de départ à la retraite

- Les personnes physiques peuvent bénéficier d'une exonération **totale** d'IR, pour leurs plus-values professionnelles réalisées lors de leur départ à la retraite sous certaines conditions.
- Les plus-values restent soumises aux prélèvements sociaux additionnels.

- **Exonération des petites entreprises**

Les plus-values professionnelles réalisées par des entreprises sont exonérées en tout ou partie à condition que l'activité ait été exercée pendant **cinq ans**, à titre professionnel.

L'exonération s'applique à toutes les plus values nettes de cessions d'immobilisations à l'exclusion des produits des concessions de brevets et des plus-values sur terrains à bâtir.

Des seuils d'exonération sont établis en fonction du chiffre d'affaires :

Seuils de chiffre d'affaires HT	
BIC (achat revente) et BA	
⩽ 250 000 €	Exonération totale
> 250 000 € et < 350 000 €	Taux d'exonération = (350 000 - CA)/100 000
⩾ 350 000 €	Pas d'exonération
Seuils de chiffre d'affaires HT	
BIC (prestations de services) et BNC	
⩽ 90 000 €	Exonération totale
> 90 000 € et < 126 000 €	Taux d'exonération = (126 000 - CA)/36 000
⩾ 126 000 €	Pas d'exonération

▶ Droits d'enregistrement

Les actes portant transmission de propriété de fonds de commerce et de biens immeubles et les promesses unilatérales de ventes de fonds de commerce et de biens immeubles sont assujettis à l'enregistrement.

Des délais d'enregistrement doivent être respectés en fonction des actes.

Les cessions de fonds de commerce sont soumises à des droits proportionnels pour la fraction correspondant aux éléments autres que les marchandises neuves et les brevets.

Les cessions de marchandises neuves c'est-à-dire qui sont un élément du fonds cédé sont dispensées du paiement de la TVA.

Les cessions de brevets sont soumises à un droit fixe de 125 €.

Les cessions d'immeubles sont soumises à des droits proportionnels dont les taux varient suivant les départements.

Pour les promesses unilatérales de vente portant sur un immeuble ou un fonds de commerce, le droit fixe est de 125 €.

B. La cession des droits sociaux

1. Généralités sur la cession de parts ou actions

La cession de parts ou d'actions est en principe un acte civil. Elle revêt un caractère **commercial** si elle a pour effet ou pour objet d'assurer aux acquéreurs le contrôle de la société ou si elle intervient entre deux sociétés commerciales.

La plupart des règles applicables à la cession du fonds de commerce s'appliquent.

L'obligation de constater une promesse unilatérale de vente par un acte enregistré, ne concerne pas les promesses de cession de titres sociaux. En ce qui concerne la garantie des vices cachés : il a été jugé que le vice caché, pour être retenu, doit interdire à la société dont les titres sont acquis, d'exercer l'activité économique constituant son objet social. C'est pour cette raison que les acquéreurs exigent souvent que les cédants certifient les renseignements fournis sur le patrimoine de la société.

Des clauses contractuelles peuvent restreindre la liberté des associés de céder leurs parts ou actions. Ces clauses peuvent figurer dans les statuts ou dans des **« pactes d'actionnaires »**.

La cession des parts sociales doit être constatée **par écrit**.

Remarque. La cession des parts et actions doit respecter les règles propres à chaque société en matière d'agrément, d'opposition, de publicité...

2. Les conséquences fiscales

▶ Régimes des plus-values

• Les plus-values professionnelles

Le régime des plus-values professionnelles s'applique aux plus-values réalisées sur la cession de droits sociaux par des associés personnes physiques exerçant leur **activité professionnelle** dans le cadre d'une société de personnes relevant du **régime de l'IR**.

L'associé cédant peut bénéficier du **régime d'exonération en cas de départ à la retraite** et du **régime d'exonération des petites entreprises** à condition qu'il ait détenu ses parts pendant au moins cinq ans.

• Les plus-values sur valeurs mobilières (régime de droit commun)

Le régime s'applique aux cessions à titre onéreux réalisées par des personnes physiques dans le cadre de la gestion de leur patrimoine privé et portant sur des valeurs mobilières ; des parts sociales de sociétés soumises au régime de l'IS ; des parts sociales de sociétés de personnes lorsque l'associé cédant n'exerce pas d'activité professionnelle au sein de la société.

Les plus-values de cessions sont imposées aux taux progressifs de l'**impôt sur le revenu**.

Des **abattements** sont opérés sur le montant imposable. Ils portent seulement sur l'assiette de l'IR et non sur les prélèvements sociaux additionnels :

- abattement général de 50 % ou 65 % suivant que la durée de la détention des titres est d'au moins 2 ans ou 8 ans ;
- abattement réservé aux dirigeants de PME qui partent à la retraite, de 50 %, 65 % ou 85 % suivant que la durée de détention des titres est d'au moins 2 ans, 4 ans ou 8 ans.

Il peut y avoir exonération des cessions dans le groupe familial sous certaines conditions.

▶ **Les droits d'enregistrement**

- **Les cessions de parts sociales**

Elles doivent être enregistrées dans le délai d'*un mois* de leur date.

Tarif des droits : 3 % du prix de cession. Il est appliqué sur la valeur de chaque part, après un abattement de 23 000 €/Nombre total de parts de la société.

- **Les cessions d'actions**

Sont enregistrés dans le mois de leur date les actes portant cession d'actions cotées en Bourse et les cessions (avec ou sans acte) des actions non cotées en Bourse.

Tarif des droits : le taux est de 3 % et l'impôt dû est plafonné à 5 000 € par mutation.

II ▶ La transmission de l'entreprise à titre gratuit

L'entreprise est transmise à titre gratuit lors de l'ouverture de la **succession** du chef d'entreprise décédé cependant il peut également préparer sa succession de son vivant par testament ce qui ne produira d'effets qu'à son décès ou en consentant une **donation entre vifs**.

A. Le décès du chef d'entreprise

1. La dévolution ab intestat (sans testament)

Les règles légales de dévolution *ab intestat* [1] sont différentes suivant qu'il reste ou non un **conjoint successible**.

Les héritiers ont le choix d'accepter purement et simplement la succession, d'y renoncer ou de l'accepter à concurrence de l'actif net.

Le décès entraîne le blocage de tous les avoirs détenus par les banques au nom du défunt. S'il s'agit d'un **compte joint** le décès d'un des deux titulaires n'entraîne pas nécessairement le blocage du compte.

Afin de gérer tout ou partie de la succession peut être mis en place un mandat à effet posthume (à l'initiative du défunt) ou un mandat judiciaire (à l'initiative du juge).

Une demande d'inscription modificative doit être faite, dans un délai d'un mois après le décès de la personne immatriculée au RCS.

L'indivision légale s'applique de plein droit lors du décès.

Les indivisaires titulaires d'au moins **deux tiers des droits indivis** peuvent effectuer certains actes.

Le consentement **unanime** des indivisaires est requis pour effectuer des actes qui ne relèvent pas de l'exploitation normale des biens indivis, pour vendre les biens immeubles ou pour conclure ou renouveler les baux commerciaux et agricoles.

---

1 *Ab intestat* = en l'absence de testament ni de donation au conjoint survivant.

Les revenus des biens indivis s'ajoutent à l'indivision.

Les membres de l'indivision sont considérés fiscalement comme des exploitants de l'entreprise. Ils sont imposables pour la part qu'ils ont **effectivement perçue** dans le résultat de l'indivision, dans la catégorie (BIC, BNC ou BA) qui correspond à l'activité de l'entreprise.

Les indivisaires peuvent passer des conventions relatives à l'exercice de leurs droits indivis, il s'agit d'une indivision conventionnelle.

Sous certaines conditions le juge peut également prononcer le maintien judiciaire de l'indivision.

L'indivision est un état provisoire. **Nul ne peut être contraint à demeurer dans l'indivision** et le **partage** peut toujours être provoqué, à moins qu'il n'y ait été sursis par jugement ou convention.

Le conjoint survivant est souvent usufruitier de tout ou partie de la succession.

2. La succession avec testament

Le testament est un acte par lequel le testateur dispose à titre gratuit, pour après sa mort, de tout ou partie de ses biens, et qu'il peut révoquer.

Le testament est un acte écrit. Il peut revêtir différentes formes : olographe, authentique ou mystique.

La réserve héréditaire : quote-part des biens du défunt qui est réservée par la loi aux héritiers réservataires (ses enfants ou, à défaut, ses autres descendants ; et, en l'absence de descendants, le conjoint successible) doit être respectée.

La fraction restante de la succession dont le défunt a pu disposer librement s'appelle la « quotité disponible ».

Le legs est la disposition testamentaire contenant transmission de biens à titre gratuit à son bénéficiaire (le legs universel, le legs à titre universel et le legs particulier).

Remarque. Le décès du dirigeant d'une société (et non du chef d'entreprise) a des conséquences sur le devenir de la société, sur les autres associés et sur les héritiers. Tout dépend de la forme sociétaire.

B. La donation de l'entreprise ou des droits sociaux

La donation entre vifs est un acte par lequel le donateur se dépouille actuellement et irrévocablement de la chose donnée en faveur du donataire qui l'accepte.

La donation doit être constatée par un acte authentique.

Un don manuel est dispensé des règles de forme des donations entre vifs.

Les donations sont réputées avoir été faites *« en avancement de part sur la succession »*. Tout héritier venant à une succession, doit donc rapporter à ses cohéritiers tout ce qu'il avait reçu du défunt, par donations entre vifs sauf si les dons avaient été consentis expressément *« hors part successorale »*.

Les libéralités qui portent atteinte à la réserve héréditaire, sont réductibles à la quotité disponible lors de l'ouverture de la succession.

Les éléments du calcul sont : reconstitution du patrimoine du défunt, application des fractions arithmétiques exprimant la réserve de chaque héritier réservataire et la quotité disponible, imputation des libéralités, calcul de l'indemnité de réduction des libéralités qui n'ont pas pu être imputées.

Conseils

Tout héritier réservataire présomptif d'une personne (notamment les enfants de cette personne) peut renoncer à exercer une action en réduction le jour où la personne en question décédera et sa succession sera ouverte.
La renonciation doit être faite au profit d'une ou de plusieurs personnes déterminées.
La donation entre époux bénéficie d'un régime dérogatoire au droit commun des donations.

Remarque. La donation-partage permet à une personne de donner de son vivant, actuellement et irrévocablement, à tous ses descendants, tout ou partie de ses biens et d'opérer le partage entre eux.

Elle évite les contestations qui pourraient surgir entre les enfants pour la répartition des biens.

Le donateur n'est pas tenu de respecter l'égalité entre les lots.

Si un héritier qui n'a pas accepté la donation-partage, reçoit moins que sa part de réserve héréditaire, il dispose d'une action en réduction qui est prescrite cinq ans après le décès du donateur

Les biens donnés sont évalués au jour de la donation-partage, pour le calcul de la réserve, à condition que tous les héritiers réservataires vivants ou représentés au décès de l'ascendant, aient reçu un lot dans le partage anticipé et l'aient expressément accepté, et qu'il n'ait pas été prévu de réserve d'usufruit portant sur une somme d'argent.

La donation-partage a donc pour effet de figer la valeur du patrimoine (contrairement à la donation simple où l'évaluation se fait le jour du décès).

C. La fiscalité des transmissions à titre gratuit

La fiscalité de la transmission d'entreprise à titre gratuit répond tout d'abord aux règles fiscales des donations et successions classiques. Ensuite il existe des mesures spécifiques à la transmission d'entreprise.

Afin d'avoir une vue d'ensemble de ces règles un renvoi est fait à l'ouvrage DSCG 1 Chapitre « Transmission de l'entreprise à titre gratuit ».

Cependant il est possible de souligner que des mesures permettent de réduire les coûts :

- les parts ou actions peuvent être exonérées de droits de succession ou donation à hauteur de 75 % de leur valeur sous conditions ;
- transmission de l'entreprise individuelle (également sous conditions) ;
- lorsque l'entreprise est transmise aux salariés (sous conditions) ;
- les dons de sommes d'argent en vue de reprise d'entreprise.

La cessation d'activité

La cessation totale s'entend d'une manière générale de l'abandon de l'ensemble de l'activité industrielle, commerciale, artisanale ou agricole d'une entreprise individuelle. La cessation est partielle lorsqu'elle ne concerne qu'une branche d'activité ou un établissement.
Quant à la dissolution, il s'agit du terme de l'existence sociale (sur le plan fiscal il y a également cessation en cas de changement de régime fiscal de la société ou d'activité réelle de la société).

I ▶ La cessation d'activité de l'entreprise individuelle

La cessation d'activité entraîne une déclaration aux fins d'inscription modificative ou une déclaration aux fins de radiation.

La cessation d'activité de l'entrepreneur entraîne l'exigibilité immédiate de tous les impôts liés à son activité professionnelle.

L'entrepreneur dispose d'un délai de 60 jours à compter de la cessation d'activité pour déclarer à l'administration ses résultats (six mois en cas de décès de l'exploitant).

Le décès de l'exploitant d'une entreprise est un cas d'imposition immédiate, même lorsque l'exploitation est continuée par les héritiers.

Remarque. La taxation consécutive au décès porte sur les bénéfices industriels et commerciaux mais aussi sur l'ensemble des revenus du contribuable.

La cessation d'activité totale ou partielle entraine donc l'imposition immédiate des bénéfices et des plus values non imposés (sont concernées les provisions qui deviennent sans objet, ainsi que les éventuelles réserves).

Les plus-values de cession concernent aussi la cessation d'activité sans cession.

La plus-value est égale à la différence entre la valeur du bien au jour de la cessation et la valeur pour laquelle le bien était inscrit au bilan. Les conditions d'imposition des plus-values ne seront pas reprises car elles sont identiques à celles qui s'imposent pendant la vie de l'entreprise.

Si la cessation d'activité est déficitaire, le déficit est imputable sur le revenu global de l'exploitant.

L'entrepreneur individuel qui cesse son activité est tenu de déclarer la cessation au service des impôts (déclaration de TVA).

II ▶ La dissolution de la société

A. Les causes communes de dissolution

1. L'arrivée du terme

À l'arrivée du terme, la société est dissoute. La durée de vie de la société est au maximum de 99 ans à compter du jour de son immatriculation.

Les associés peuvent éviter cette dissolution en décidant sa prorogation.

S'ils continuent l'exploitation au lieu de procéder à la liquidation, une société de fait apparaît entre eux.

Conseils

Afin d'éviter la dissolution, la loi impose qu'un an au moins avant la date d'expiration de la société, les associés soient consultés afin de décider de la prorogation.

2. La réalisation ou l'extinction de l'objet

La société prend fin à la réalisation ou l'extinction de son objet.

Il y a réalisation de l'objet lorsque l'opération pour laquelle la société a été constituée est définitivement achevée, même si le terme fixé pour la durée de la société n'est pas encore atteint.

Il y a extinction de l'objet lorsque l'activité pour laquelle la société a été constituée est devenue impossible.

3. Les autres causes de dissolution

- L'annulation du contrat de société ;
- Une disposition statutaire ;
- La liquidation judiciaire ;
- La réunion de toutes les parts ou actions en une seule main (un délai d'un an est accordé afin de favoriser une régularisation) ;
- La dissolution conventionnelle ;
- La dissolution judiciaire anticipée ;
- La mésentente entre associés.

B. Les causes spécifiques de dissolution

Seules les principales sociétés ayant des causes spécifiques de dissolution sont abordées.

1. La dissolution de la SNC

- Décès de l'un des associés sauf disposition statutaire contraire ;
- Révocation de l'un des gérants dans certains cas ;
- Prononcé d'un jugement de liquidation judiciaire ou arrêtant un plan de cession totale de l'entreprise, une mesure d'interdiction d'exercer une profession commerciale ou une mesure d'incapacité, prononcé à l'égard d'un associé.

Depuis la loi n° 2010-658 du 15/06/2010 sur la création de l'EIRL, la loi a modifié les articles 413-8 du Code civil et L. 121-2 du Code de commerce : dorénavant, un mineur émancipé peut, sous certaines conditions, être commerçant.

2. La dissolution de la SARL

- Lorsque la SARL comprenant plus de 100 membres, sa transformation n'est pas décidée ;
- Montant des capitaux propres inférieur à la moitié du capital social.

3. La dissolution de la SA

- Nombre d'actionnaires inférieur à 7 depuis plus d'un an ;
- Réduction du capital à un montant inférieur au minimum légal ;
- Montant des capitaux propres inférieur à la moitié du capital social.

C. Les effets de la dissolution

La dissolution n'a d'effet à l'égard des tiers qu'après sa publication au RCS. Elle est irrévocable et entraîne immédiatement sa liquidation entre les parties.

Ainsi, une insertion doit être faite dans un journal d'annonces légales du lieu du siège social. Elle doit être mentionnée au RCS. Le greffier doit également effectuer une insertion au BODACC.

Dès la dissolution de la société, sa dénomination sociale doit être suivie de la mention « société en liquidation ».

Quelle que soit la cause de dissolution, la personnalité morale de la société dissoute subsiste pour les besoins de la liquidation.

Dès la nomination du liquidateur, les organes sociaux perdent leurs pouvoirs de gestion et de représentation. Le liquidateur, seul représentant de la société doit :

- dresser un inventaire de l'actif et du passif ;
- recouvrer les créances sociales ;
- réaliser l'actif, payer les créanciers de la société.

En fin de liquidation, tous les associés doivent être convoqués pour statuer sur le compte définitif, le quitus de la gestion du liquidateur et la décharge de son mandat.

La personnalité morale disparaît à la clôture de la liquidation. La clôture doit intervenir dans un délai de trois ans à compter de la dissolution.

L'imposition intervient à la clôture de la liquidation. La dissolution est assimilée à une cessation d'entreprise que la société soit soumise au régime des sociétés de personnes (IR) ou de l'impôt sur les sociétés (IS).

La dissolution entraîne donc l'imposition des bénéfices et des plus-values non encore taxées.

La base et les règles d'imposition des plus values professionnelles sont les mêmes que pour la cessation de l'entreprise individuelle.

FICHE 24

Lorsqu'elle ne comporte aucune transmission, de biens meubles ou immeubles entre les associés ou autres personnes, la dissolution de la société est enregistrée moyennant le paiement d'un droit fixe.

▶ **La société relève de l'impôt sur le revenu (IR)**

Les pertes de l'exercice et les déficits reportés sont imputables sur le revenu global des associés.

Le prélèvement du boni de liquidation est assimilé à une distribution de dividendes.

S'il y a vente d'immobilisations, elle donne lieu à l'imposition des plus-values.

La reprise des apports ne constitue pas une opération imposable, pas plus que la répartition des réserves qui ont déjà été imposées au moment de la réalisation des bénéfices.

Le partage des liquidités ou des acquêts entraîne la perception d'un droit de 2,50 %.

▶ **La société relève de l'impôt sur les sociétés (IS)**

Le report des déficits est impossible lorsque l'IS s'applique.

Les associés reprennent les apports faits à la société, sans imposition.

La société paiera l'impôt sur les sociétés en ce qui concerne le boni de liquidation.

Tout actif net à partager est soumis à un droit d'enregistrement de 2,50 %.

Associations et autres organismes sans but lucratif : aspects juridiques

FICHE 25

Les associations seront ici entendues au sens large, soit l'ensemble des organismes à but non lucratif (fondations, syndicats professionnels, congrégations religieuses).
Nous verrons que les associations jouissent de la plus grande liberté de constitution et de fonctionnement.

I ▶ Définitions

A. Les deux définitions de l'association

- Contrat synallagmatique par laquelle plusieurs personnes mettent en commun d'une façon permanente leurs connaissances ou leur activité dans un but autre que le partage des bénéfices.
- Personne morale créée par le contrat d'association.

B. Autres organismes sans but lucratif

▶ **Les fondations**

L'acte par lequel une ou plusieurs personnes physiques ou morales décident de l'affectation irrévocable de biens, droits ou ressources à la réalisation d'une œuvre d'intérêt général et à but non lucratif.

Elles n'ont pas toutes la personnalité morale.

- Fondation reconnues d'utilité publique

Personne morale à compter de la date d'entrée en vigueur du décret en Conseil d'État accordant la reconnaissance publique.

- Fondation d'entreprise

Personne morale à but non lucratif créée par des sociétés civiles ou commerciales, des établissements publics à caractère industriel et commercial, des coopératives, des institutions de prévoyance ou des mutuelles.

- Fondation de coopération scientifique

Personne morale de droit privé à caractère non lucratif, soumise aux règles relatives aux fondations reconnues d'utilité publique.

- Fondations abritées ou sous égide

Elles n'ont pas la personnalité morale. Elles sont placées sont l'égide d'une fondation reconnue d'utilité publique, de l'Institut de France ou d'un établissement public à caractère scientifique, culturel et professionnel (EPSCP) ou de coopération scientifique (EPCS) (fondations universitaires).

FICHE 25

- Fondation partenariale

Personne morale analogue aux fondations d'entreprise, mais créée par un établissement public à caractère scientifique, culturel et professionnel (EPSCP) ou de coopération scientifique (EPCS)

▶ **Fonds de dotation**

Personne morale de droit privé à but non lucratif qui reçoit et gère, en les capitalisant, des biens et droits qui lui sont apportés à titre gratuit et irrévocable et utilise les revenus de la capitalisation en vue de la réalisation d'une mission d'intérêt général ou les redistribue pour assister une personne morale à but non lucratif dans l'accomplissement de ses œuvres et de ses missions d'intérêt général.

▶ **Syndicat professionnel**

Personne morale groupant des personnes exerçant la même profession, des métiers similaires ou des métiers connexes concourant à l'établissement de produits déterminés ou la même profession libérale. Les unions de syndicats relèvent des mêmes dispositions.

II ▶ Contrat d'association

A. Personnalité morale

Les **associations non déclarées** sont licites (principe de la liberté d'association).

Seules les **associations déclarées** (à la préfecture) ont la personnalité morale. La déclaration est suivie d'une publication au *Journal officiel*.

B. Application des principes généraux du droit des contrats.

Deux personnes (physiques ou morales) au moins.

Capacité des parties (tacite pour un mineur).

Consentement des parties.

Cause ou objet illicite → nullité de l'association.

C. Formalités de constitution

Aucun formalisme exigé.

Les fondateurs établissent les statuts par écrit (indispensable pour la déclaration).

L'assemblée constitutive adopte les statuts.

Force obligatoire des statuts et du règlement intérieur.

La formalité de l'enregistrement n'est obligatoire qu'en cas d'apports immobiliers.

D. Modification des statuts

▶ **Association non déclarée**

Décision à l'unanimité.

▶ Association déclarée

Les conditions de modification sont fixées par les statuts. À défaut, décision de l'assemblée générale statuant à la majorité simple.

Déclaration modificative.

III ▶ Fonctionnement de l'association déclarée

A. Sociétaires

Conditions d'admission libérales ou restrictives.

Les statuts déterminent les droits et obligations des sociétaires.

Le départ volontaire d'un sociétaire est de droit dans les associations à durée indéterminée. Il n'est pas possible dans une association à durée déterminée (sauf motif grave).

L'exclusion des membres est possible si elle est prévue par les statuts ou pour motif grave. Possibilité de radiation d'office à l'encontre des membres qui cessent de remplir leurs obligations (paiement des cotisations).

B. Organes de l'association

▶ Assemblée générale (AG) ordinaire et extraordinaire

La représentation par mandataire est de droit et illimitée.

▶ Dirigeants sociaux

Conseil d'administration (CA) élu par l'AG.

Bureau, émanation du CA. Le président représente de plein droit l'association. Seules les personnes majeures peuvent représenter l'association.

C. Administration et gestion

Liberté d'administration.

Possibilité de réaliser des bénéfices à condition qu'ils ne soient pas répartis entre les sociétaires.

Possibilité d'accomplir des actes de commerce à titre accessoire.

▶ Assemblée générale (AG) ordinaire et extraordinaire

La représentation par mandataire est de droit et illimitée.

IV ▶ Attributs de la personnalité morale

A. Nom

Droit privatif de l'association sur son nom.

FICHE 25

B. Ressources de l'association

Sont prévues par les statuts. Elles comprennent :

– les cotisations,

– les amendes,

– les subventions,

– les apports des sociétaires.

C. Patrimoine de l'association déclarée

L'association ne peut être propriétaire que des **immeubles** strictement nécessaires à l'accomplissement de leur but.

Interdiction de recevoir des dons et legs (sauf déclaration d'utilité publique ou associations d'assistance et de bienfaisance).

Les quêtes et tombolas sont soumises à autorisation.

D. Droit d'ester en justice

- En défense, dans tous les cas.
- En demande, l'association peut ester :

– pour son propre compte ;

– pour les compte des adhérents.

L'action dans un but d'intérêt général ne peut pas être exercée par l'association sauf dérogation par des textes particuliers.

V ▶ Responsabilité de l'association et de ses dirigeants

A. Responsabilité civile de l'association

Responsabilité contractuelle, délictuelle ou quasi délictuelle envers les sociétaires et les tiers (notamment en cas d'accident).

B. Responsabilité civile des dirigeants

- À l'égard des sociétaires : les administrateurs sont des mandataires révocables comme tels et solidairement responsables de leur gestion.
- À l'égard des tiers : le dirigeant n'est pas responsable des fautes commises par le groupement.

Associations et autres organismes sans but lucratif : la fiscalité

FICHE 26

Si les associations sont en principe non fiscalisées, il est certaines circonstances où ces organismes supporteront, comme les entreprises, les impôts commerciaux.
Nous étudierons les conditions de l'exonération des impôts commerciaux, puis les conditions de l'imposition aux impôts commerciaux avant de nous intéresser à la fiscalité assise sur le patrimoine des associations.

I ▶ Les conditions de l'exonération des impôts commerciaux

A. Les critères de non-lucrativité

Une association ne sera pas soumise aux impôts commerciaux que sont la TVA, l'IS et la contribution économique territoriale (CET) lorsqu'elle remplira trois conditions essentielles :

- sa gestion est désintéressée ;
- elle n'exerce pas une activité en concurrence avec le secteur commercial ou ;
- si tel est le cas, elle l'exerce selon des modalités différentes du secteur commercial ;
- elle n'entretient pas des relations privilégiées avec les entreprises.

▶ Une gestion désintéressée

Une gestion ne peut être regardée comme étant désintéressée que si l'association est gérée et administrée par des bénévoles, qui ne possèdent pas d'intérêts directs ou indirects dans les résultats de l'association ;

L'association ne doit pas distribuer, directement ou indirectement, ses bénéfices et ce sous quelque forme que ce soit. Cela n'exclue pas qu'elle soit en excédent, mais ces excédents doivent alors être réinvestis dans l'association.

L'association ne doit pas déclarer ses membres ou leurs ayants droits attributaires de tout ou partie de l'actif social.

Cette gestion désintéressée n'exclut pas que les dirigeants soient rémunérés : mais dans ce cas, leur rémunération ne doit pas excéder les 3/4 du SMIC, soit 1 084 € par mois. Les associations les plus importantes, dont les recettes dépassent, hors subventions publiques, une moyenne de 200 000 € sur trois exercices, peuvent verser des rémunérations à leurs dirigeants sans que soit remis en cause le caractère désintéressé de leur gestion.

▶ L'activité ne concurrence pas le secteur commercial

Une association va concurrencer le secteur commercial si elle exerce la même activité dans une zone géographique identique, en s'adressant aux mêmes personnes.

Toutefois, l'association peut échapper à l'imposition aux impôts commerciaux si elle démontre que tout en exerçant une activité qui entre en concurrence avec le secteur marchand, elle le fait dans des conditions différentes (tarifs moins élevés, par exemple), et pour répondre à un besoin qui n'est pas suffisamment couvert par le secteur concurrentiel.

Pour apprécier ces conditions, l'administration fait usage de la règle dite des « 4 P » : les produits, le public, les prix et la publicité doivent se distinguer de ceux pratiqués dans le secteur marchand.

Il est possible de résumer ainsi la démarche analytique à mettre en œuvre :

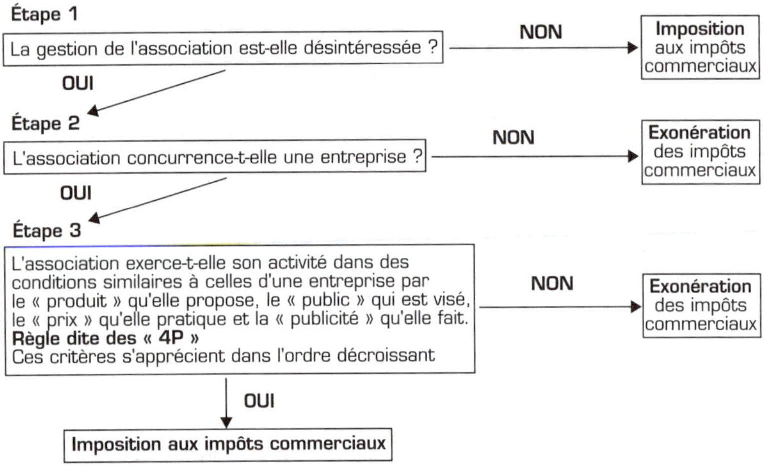

Exemple

Une association à but non lucratif propose des prestations touristiques à des enfants issus de milieux sociaux défavorisés. Elle pratique une politique de prix très inférieure à celle du secteur concurrentiel pour une prestation identique. Elle échappe en cela aux impôts commerciaux.

▶ L'association ne doit pas entretenir de relations de faveur avec les entreprises

En supposant que l'association remplisse les critères précités, elle peut malgré tout être fiscalisée si l'administration démontre qu'elle fournit des services aux entreprises et qu'elle en retire un avantage concurrentiel. En revanche, les associations qui assurent la défense collective de leurs membres où qui leur rendent des services pour leur activité non lucrative ne rentrent pas dans cette catégorie.

B. Les exonérations spécifiques à chaque impôt

▶ En TVA

Le Code général des impôts prévoit des exonérations de TVA pour certains organismes et pour des évènements déterminés.

Ainsi, les associations sportives, culturelles ou à finalité socio-éducative sont exonérées de TVA sur les opérations faites au profit des membres.

Il existe également une exonération de TVA pour les manifestations de soutien ou de bienfaisance (écoles, kermesses, comités des fêtes), qui s'applique aux droits d'entrée et aux recettes annexes.

Les associations à vocation philosophique, politique, civique, patriotique, syndicales ou religieuse font l'objet de la même exonération si elles sont gérées de façon désintéressée et si elles ne présentent pas de caractère lucratif.

▶ En impôt sur les sociétés

Sont exonérées d'IS :

- les associations sans but lucratif, pour leurs opérations déjà exonérées de TVA pour leurs six manifestations de bienfaisance ou de soutien ;
- les syndicats professionnels lorsqu'ils se consacrent aux intérêts matériels ou moraux de leurs membres ;
- les organismes sans but lucratif qui organisent des manifestations publiques présentant un intérêt pour une commune ou une région ;
- les associations de services aux personnes ;
- les organismes de jardins familiaux.

▶ Pour la contribution économique territoriale (CET)

On retrouve en matière de CET les organismes concernés par l'exonération d'IS : s'y ajoutent les exonérations spécifiques prévues au regard de la CET (entreprises de spectacle, par exemple).

▶ Exonérations transversales

Les associations ne sont pas imposées aux impôts commerciaux (TVA, IS et CET) lorsque leurs activités lucratives accessoires ne dépassent pas, compte tenu de l'actualisation de la franchise, **60 540 € HT**. Mais ce dispositif de franchise suppose que toutes les autres conditions de l'exonération soient par ailleurs remplies, c'est-à-dire une gestion désintéressée et des activités non lucratives prépondérantes.

Conseils

Être capable d'identifier rapidement les critères d'assujettissement aux impôts commerciaux, selon des critères logiques : cas de la règle des « 4 P », et de l'association qui concurrencerait directement une entreprise commerciale.
Connaître les dispositifs d'exonération spécifique selon les différents impôts, avec leur logique propre (TVA, IS, CET).

II ▶ L'imposition des activités lucratives

Si les activités lucratives de l'association deviennent plus importantes que les activités non lucratives, l'association deviendra passible des impôts commerciaux.

A. La sectorisation des activités lucratives

Il peut être judicieux dans ce cas de scinder en secteurs l'activité lucrative et l'activité non lucrative.

▶ Sectorisation en TVA

Les activités doivent pouvoir être facilement dissociées (manifestation sportive et exploitation d'une buvette). Mais encore faut-il que l'activité non lucrative reste l'activité principale de l'association : à défaut, l'ensemble de l'activité serait passible de la TVA.

Les moyens matériels d'exploitation spécifiques doivent être affectés à chaque secteur, et les moyens communs aux deux secteurs répartis au prorata de leur temps d'utilisation.

▶ Sectorisation en IS

En IS, l'association sera fiscalisée sur le résultat du secteur lucratif, soit au taux réduit des PME (15 %) si les conditions sont requises, soit au taux normal de l'IS (33,1/3 %). Les revenus du patrimoine sont présumés ne pas appartenir au secteur lucratif et restent taxables selon les dispositions étudiées *infra*.

▶ Sectorisation en contribution économique territoriale

La sectorisation des activités lucratives n'a pas d'incidence en matière de CET puisque les activités non lucratives sont toujours exonérées. Les associations peuvent choisir d'appliquer à la CET la sectorisation mise en place pour l'impôt sur les sociétés.

B. La filialisation

L'association qui ne veut pas avoir recours à la sectorisation peut filialiser tout ou partie seulement de ses activités lucratives en les filialisant au sein d'une structure spécifique.

Il s'agit souvent du cas où la sectorisation est impossible du fait même que l'activité lucrative est prépondérante. La filialisation s'effectue alors par apport partiel d'actif à une société existante ou créée pour la circonstance. L'apport peut sous condition bénéficier du régime de faveur des fusions.

La filiale ainsi créée par apport de l'activité lucrative relève des impôts commerciaux. La société mère, qui a procédé à l'apport, reste non fiscalisée si elle agit comme un actionnaire passif. À défaut, si elle s'immisce dans la gestion de sa filiale, elle devient elle-même soumise aux impôts commerciaux.

⊕ Conseils

Ne pas confondre sectorisation et filialisation : la filialisation intervient le plus souvent lorsque la sectorisation n'est pas possible, car l'activité lucrative est prépondérante.

III ▶ L'imposition des revenus du patrimoine

Indépendamment de l'exercice de toute activité lucrative, les associations sont fiscalisées en principe à l'impôt sur les sociétés sur les revenus de leur patrimoine. Le taux d'impôt est réduit à 24 %, 15 %, voire 10 % pour certains revenus mobiliers. Les fondations reconnues d'utilité publique sont quant à elles totalement exonérées sur les revenus de leur patrimoine.

A. Les revenus imposables

▶ Les revenus du capital immobilier

Il s'agit des revenus de location des immeubles bâtis et non bâtis dont l'association est propriétaire : ils sont imposables à 24 %.

▶ Les revenus du capital mobilier

Sont **imposables à 24 %** les intérêts de créances, dépôts, cautionnement et comptes courants, les produits des bons de capitalisation, les revenus de valeurs mobilières étrangères et les avances, prêts ou acomptes reçus en qualité d'associés de sociétés de capitaux.

Sont imposables aux taux de 15 % les dividendes de source française ou étrangère.

Sont imposables à 10 % essentiellement les intérêts d'obligation émis depuis 1987, les produits de titres de créances négociables sur un marché réglementé, les produits de parts de fonds communs de placement (FCP).

▶ Les bénéfices agricole ou forestiers

Ils sont imposés à 24 % sur leur montant réel, mais l'administration autorise l'application du régime du forfait sous conditions de recettes.

B. Les revenus exonérés

▶ Certains revenus du capital mobilier

Ces revenus bénéficient en effet de très larges exonérations : ainsi, ne supportent aucun impôt, les intérêts des obligations émises avant le 1er janvier 1987, les intérêts de bons de caisse soumis à la retenue à la source, les intérêts des comptes sur livrets (Livrets A par exemple).

De même, les plus-values sur cessions de titres ne sont pas soumises à l'IS, et les écarts annuels sur OPCVM de capitalisation ne sont pas imposés.

En résumé :

Activités lucratives	Taux normal : 33 1/3 % Taux réduit : 15 %	– PME et Bénéfice limité à 38 120 €
Revenus patrimoniaux (locations d'immeubles et revenus agricoles ou forestiers)	24 % 0 %	– Association – Fondations reconnues d'utilité publique

Revenus patrimoniaux des associations (revenus mobiliers)	24 %	– Produits de créances non négociables – Produits des bons ou contrats de capitalisation – Revenus reçus en qualité d'associé d'une société de capitaux
	15 %	– Dividendes de sociétés françaises ou étrangères
	10 %	– Revenus d'obligations et titres assimilés émis depuis le 1/01/1987 – Certains produits financiers spécifiques
	0 %	– Revenus d'obligations et titres assimilés émis avant le 1/01/1987 – Intérêts des livrets A – Produits de bons de caisse soumis à une retenue à la source

C. Calcul et liquidation de l'impôt

La base imposable est constituée de la somme algébrique des revenus du patrimoine. Les organismes sans but lucratif souscrivent chaque année une déclaration nº 2070, et ils s'acquittent spontanément de leur impôt à 24 %, 15 %, 10 % à la recette des impôts lors du dépôt de leur déclaration.

MÉMO

Les critères de non lucrativité de l'association	– Une gestion désintéressée – Une activité qui ne concurrence pas le secteur commercial – L'association n'entretient pas de relations privilégiées avec les entreprises
Des exonérations propres à chaque impôt	– En TVA, en IS, en taxe professionnelle et la franchise de 60 540 €
L'imposition des activités lucratives	– Sectorisation de l'activité lucrative et non lucrative (en TVA, en IS et en CET) – La filialisation de l'activité lucrative, au sein d'une structure spécifique
L'imposition des revenus du patrimoine	– 24 %, 15 % ou 10 % selon les revenus – De larges exonérations pour les revenus de capitaux mobiliers (dividendes et plus-values notamment)

QCM de synthèse

1 ▶ Obligations pouvant être inscrites dans les contrats :

- [ ] **a** faire
- [ ] **b** ne pas faire
- [ ] **c** donner
- [ ] **d** ne pas donner
- [ ] **e** obtenir un résultat

2 ▶ Principes fondamentaux communs à tous les contrats :

- [ ] **a** autonomie de la volonté
- [ ] **b** liberté contractuelle
- [ ] **c** force facultative des contrats
- [ ] **d** bonne foi des cocontractants
- [ ] **e** indépendance des personnes

3 ▶ Contrat d'entreprise et contrat de sous-traitance :

- [ ] **a** dans le contrat d'entreprise l'entrepreneur a une obligation de faire
- [ ] **b** dans le contrat d'entreprise le maître de l'ouvrage doit verser la rémunération convenue dans le contrat
- [ ] **c** dans le contrat d'entreprise l'ouvrage à exécuter fait toujours l'objet d'un cahier des charges
- [ ] **d** pour exécuter un contrat d'entreprise, l'entrepreneur peut faire appel à la sous-traitance
- [ ] **e** dans le contrat de sous-traitance le sous-traitant n'a aucun recours contre le maître de d'ouvrage pour obtenir le paiement de sa prestation

4 ▶ Contrats de distribution :

- [ ] **a** le contrat de concession lie un fabriquant à un revendeur dans le cadre d'un réseau de distribution
- [ ] **b** dans le contrat de concession le concessionnaire n'est pas indépendant du concédant
- [ ] **c** le contrat de concession peut contenir une clause d'exclusivité réciproque
- [ ] **d** le contrat de franchise lie un franchiseur et un franchisé qui sont juridiquement indépendants
- [ ] **e** le contrat de franchise ne peut contenir une clause de non-concurrence

QCM

5 ▸ Contrats d'assurance :

- [ ] **a** les entreprises peuvent contracter des assurances de dommages, notamment pour les biens
- [ ] **b** les entreprises ne peuvent contracter d'assurance en matière de responsabilité extracontractuelle
- [ ] **c** l'assurance en responsabilité civile professionnelle est obligatoire dans certains cas
- [ ] **d** l'assurance vie est un contrat fondé sur le principe de la stipulation pour autrui
- [ ] **e** un contrat d'assurance vie est un contrat commutatif

6 ▸ Procédure pénale :

- [ ] **a** l'action civile est toujours exercée par la victime d'une infraction
- [ ] **b** l'action publique peut être exercée par le ministère public
- [ ] **c** le procureur de la République agit en application du principe d'opportunité des poursuites
- [ ] **d** le tribunal correctionnel est compétent pour toutes les infractions
- [ ] **e** la Cour de cassation statue sur le droit

7 ▸ Droit pénal :

- [ ] **a** pour toute infraction, il faut prouver les éléments légal, matériel et intentionnel
- [ ] **b** le délit de présentation ou de publication de comptes annuels ne donnant pas une image fidèle est prévu pour toutes les sociétés commerciales
- [ ] **c** le délit de distribution de dividendes fictifs est commis par les dirigeants
- [ ] **d** le délit d'abus des biens ou du crédit est commis par les dirigeants
- [ ] **e** le délit d'abus de pouvoirs est commis par les dirigeants

8 ▸ Droit pénal :

- [ ] **a** le délit de surévaluation frauduleuse doit être commis de manière intentionnelle
- [ ] **b** le non-établissement des comptes annuels doit résulter de la mauvaise foi des dirigeants
- [ ] **c** la non-soumission des comptes annuels et du rapport de gestion à l'assemblée générale ordinaire n'est pas une infraction
- [ ] **d** le non-respect du secret professionnel du commissaire aux comptes est un délit
- [ ] **e** la non-révélation des faits délictueux au procureur de la République par le commissaire aux comptes est un délit

9 ▶ Pratiques anticoncurrentielles et concentration :

- [ ] **a** les ententes illicites sont sanctionnées en droit national et en droit communautaire
- [ ] **b** toutes les ententes sont sanctionnées
- [ ] **c** l'exploitation d'une position dominante est autorisée en droit national et en droit communautaire
- [ ] **d** l'exploitation abusive d'un état de dépendance économique est sanctionnée en droit national
- [ ] **e** les concentrations sont contrôlées en droit national et en droit communautaire

10 ▶ Transparence, pratiques restrictives et concurrence :

- [ ] **a** la communication des conditions générales de vente est obligatoire entre professionnels
- [ ] **b** la revente à perte et la revente à prix imposé ne constituent pas des infractions
- [ ] **c** les actes de concurrence déloyale sont prévus par la loi
- [ ] **d** les actes de concurrence déloyale engagent la responsabilité civile délictuelle de leurs auteurs
- [ ] **e** le tribunal de commerce est compétent pour statuer sur un litige portant sur des actes de concurrence déloyale entre commerçants

11 ▶ Transparence dans les principaux types de sociétés :

- [ ] **a** les dirigeants des sociétés agissent dans l'objet social et dans l'intérêt social
- [ ] **b** les pouvoirs des dirigeants sociaux sont limités par la loi et les statuts
- [ ] **c** un dirigeant social peut cumuler son contrat de mandat et un contrat de travail dans certaines conditions
- [ ] **d** les dirigeants sociaux peuvent engager leur responsabilité civile notamment en cas de faute séparable des fonctions
- [ ] **e** les associés peuvent exercer librement leur droit de communication

12 ▶ Gouvernement d'entreprise (GE) dans les sociétés inscrites à un marché réglementé :

- [ ] **a** en France, la mise en place du GE découle de la loi, des organisations représentatives des entreprises et de l'AMF
- [ ] **b** la loi a institué notamment le comité d'audit
- [ ] **c** la loi prévoit les informations qui doivent être mises à disposition des actionnaires
- [ ] **d** les organisations représentatives des entreprises imposent des obligations dans le cadre de codes
- [ ] **e** l'AMF surveille le marché financier et la pratique du GE

Q C M

13 ▶ Commerce électronique :

- [ ] a la loi définit le commerce électronique
- [ ] b la loi réglemente le contrat sous forme électronique
- [ ] c le contenu de l'offre par voie électronique est libre
- [ ] d la conclusion d'un contrat sous forme électronique est valable si les conditions prévues par la loi sont respectées
- [ ] e le professionnel n'est pas responsable à l'égard du consommateur si le transporteur ne délivre pas le bien objet du contrat

14 ▶ Fusions et scissions :

- [ ] a la fusion et la scission concernent le patrimoine des sociétés
- [ ] b la société absorbée ou scindée est dissoute sans liquidation
- [ ] c la fusion et la scission se concrétisent seulement par l'échange de droits sociaux
- [ ] d le droit des concentrations s'applique aux opérations de fusion et de scission
- [ ] e le contrat de fusion ou de scission est conclu directement entre les dirigeants sociaux

15 ▶ Fusions, scissions et apports partiels d'actifs :

- [ ] a des commissaires à la fusion doivent être désignés par les sociétés absorbante et absorbée dans certaines conditions
- [ ] b le régime simplifié de fusion est applicable dans certains cas
- [ ] c un commissaire à la scission intervient dans les sociétés scindées dans certaines conditions
- [ ] d l'apport partiel d'actif entraîne une transmission universelle de patrimoine
- [ ] e il est possible d'opter pour le régime des scissions en cas d'apport partiel d'actif

16 ▶ Groupes de sociétés :

- [ ] a la loi ne définit pas le groupe de sociétés
- [ ] b le groupe de société a la personnalité morale
- [ ] c les groupes de sociétés se constituent souvent par des prises de participation et des prises de contrôle
- [ ] d la loi réglemente l'autocontrôle
- [ ] e une filiale commune doit être une société anonyme

17 ▶ Groupes de sociétés et acquisition de titres :

- [ ] a les offres publiques sont réglementées par la loi
- [ ] b les prises de participations réciproques sont libres
- [ ] c les modalités des prises de contrôle sont définies par la loi
- [ ] d les actions de concert sont interdites
- [ ] e une holding peut être constituée pour racheter des titres

18 ▶ Impacts des groupes de sociétés :

- [ ] **a** le droit de la concurrence ne s'applique pas aux groupes de sociétés
- [ ] **b** en droit des procédures collectives, le juge peut utiliser la technique de la confusion des patrimoines
- [ ] **c** la société mère ne peut être sanctionnée si elle s'immisce dans la gestion des filiales
- [ ] **d** la loi organise la représentation des salariés dans les groupes de sociétés
- [ ] **e** le juge peut punir des délits d'abus des biens ou du crédit dans les groupes de sociétés

19 ▶ Transparence des groupes de sociétés :

- [ ] **a** le droit européen prévoit la consolidation des groupes de sociétés
- [ ] **b** le Code de commerce prévoit l'obligation d'établir des comptes consolidés dans certaines conditions
- [ ] **c** les sociétés qui prennent des participations dans d'autres sociétés ne sont pas obligées d'en informer ces dernières
- [ ] **d** les associés d'une société doivent être informés des prises de participation de cette dernière dans certaines conditions
- [ ] **e** les commissaires aux comptes ne formulent pas d'opinion sur les comptes consolidés

20 ▶ Coopération interentreprises :

- [ ] **a** les groupements contractuels permanents ont la personnalité morale
- [ ] **b** les groupements contractuels momentanés sont fondés sur un contrat
- [ ] **c** les accords de coopération sont en principe des contrats innomés
- [ ] **d** la constitution d'une société européenne peut favoriser la coopération interentreprises
- [ ] **e** dans les contrats de location-gérance, le propriétaire du fonds de commerce et le locataire-gérant sont solidairement responsables quant à l'exploitation du fonds

21 ▶ Prévention des difficultés des entreprises :

- [ ] **a** toute entreprise doit déposer des comptes annuels au greffe du tribunal de commerce
- [ ] **b** le commissaire aux comptes doit déclencher l'alerte dans certaines conditions
- [ ] **c** le comité d'entreprise doit déclencher l'alerte quand il le juge utile
- [ ] **d** le président du tribunal peut déclencher l'alerte quand certaines conditions sont réunies
- [ ] **e** les associés de toute société peuvent déclencher l'alerte quand ils le souhaitent

QCM

Q C M

22 ▶ Prévention des difficultés des entreprises :

- [ ] **a** pour obtenir la désignation d'un mandataire ad hoc ou l'ouverture d'une procédure de conciliation, l'entreprise doit éprouver une difficulté juridique, économique ou financière avérée ou prévisible
- [ ] **b** pour la désignation d'un mandataire ad hoc ou l'ouverture d'une procédure de conciliation, l'entreprise ne doit pas être en cessation des paiements
- [ ] **c** le mandataire ad hoc a notamment pour mission d'établir un audit sur les causes des difficultés rencontrées par l'entreprise
- [ ] **d** le conciliateur doit en particulier favoriser la conclusion d'un accord amiable entre le débiteur et ses principaux créanciers
- [ ] **e** l'accord de conciliation peut être homologué par le président du tribunal

23 ▶ Traitement des difficultés des entreprises :

- [ ] **a** pour obtenir l'ouverture d'une procédure de sauvegarde, le débiteur ne doit pas être en cessation des paiements
- [ ] **b** pour obtenir l'ouverture d'une procédure de sauvegarde accélérée, le débiteur doit notamment être engagé dans une procédure de conciliation et ne pas être en cessation des paiements depuis plus de 45 jours
- [ ] **c** la procédure de sauvegarde financière accélérée est ouverte au bénéfice des créanciers financiers
- [ ] **d** la procédure de redressement judiciaire est ouverte en cas de cessation des paiements du débiteur
- [ ] **e** la procédure de liquidation judiciaire est ouverte à tout débiteur qui veut cesser son activité

24 ▶ Traitement des difficultés des entreprises :

- [ ] **a** le but d'une procédure de sauvegarde est de faciliter la réorganisation de l'entreprise
- [ ] **b** le but d'une procédure de redressement judiciaire est de permettre la poursuite de l'activité de l'entreprise, le maintien de l'emploi et l'apurement du passif
- [ ] **c** le but d'une procédure de liquidation judiciaire est de réaliser les actifs de l'entreprise
- [ ] **d** le but de la procédure de rétablissement personnel est d'effacer les dettes professionnelles du débiteur personne physique sans liquidation
- [ ] **e** les dirigeants des entreprises en procédure collective ne peuvent jamais être poursuivis pour faute de gestion

25 ▶ Traitement des difficultés des entreprises :

- [ ] **a** un administrateur judiciaire est en principe nommé dans les procédures de sauvegarde et de redressement judiciaires
- [ ] **b** un mandataire judiciaire est désigné dans toutes les procédures collectives
- [ ] **c** un représentant des salariés est désigné dans toutes les procédures collectives
- [ ] **d** un juge-commissaire peut être désigné dans toute procédure collective
- [ ] **e** le ministère public peut être présent dans toute procédure collective

26 ▶ Transmission de l'entreprise à titre onéreux :

- [ ] **a** la transmission d'une entreprise individuelle se fait par la vente du fonds de commerce
- [ ] **b** lors de la vente d'un fonds de commerce, l'acheteur bénéficie de la garantie des vices cachés
- [ ] **c** la transmission d'une société se fait par la cession de titres
- [ ] **d** lors de la transmission d'une société l'acquéreur ne peut bénéficier d'une clause de garantie du passif
- [ ] **e** lors de la transmission d'une société des clauses peuvent limiter la cession des titres

27 ▶ Transmission de l'entreprise à titre gratuit :

- [ ] **a** une entreprise ne peut être transmise par testament
- [ ] **b** une entreprise peut être transmise sans testament
- [ ] **c** le décès du dirigeant d'une société n'entraîne pas toujours la dissolution de la société
- [ ] **d** la transmission des titres est soumise à des clauses statutaires dans certaines sociétés
- [ ] **e** la création d'une société coopérative et participative (SCOP) n'est pas possible pour transmettre une société

28 ▶ Disparition de l'entreprise :

- [ ] **a** une entreprise individuelle est radiée du RCS quand l'exploitant le décide
- [ ] **b** une société est radiée du RCS après sa liquidation
- [ ] **c** la dissolution d'une société peut être conventionnelle ou judiciaire
- [ ] **d** le partage d'une société est effectué dès sa dissolution
- [ ] **e** une société est dissoute quand ses capitaux propres sont inférieurs à la moitié de son capital social

29 ▶ Associations :

- [ ] **a** une association peut avoir des activités lucratives
- [ ] **b** la liberté d'association est proclamée par la loi du 1er juillet 1901
- [ ] **c** toute association a la personnalité morale
- [ ] **d** le financement des associations est encadré par la loi
- [ ] **e** en principe, les statuts fixent librement les règles de fonctionnement de l'association

30 ▶ Dimension environnementale des entreprises :

- [ ] **a** l'application des normes internationales ISO est facultative
- [ ] **b** tous les textes européens relatifs à l'environnement sont d'application obligatoire
- [ ] **c** en droit national, le Code de l'environnement prévoit les obligations des entreprises
- [ ] **d** l'Autorité des marchés financiers n'impose aucune obligation aux entreprises
- [ ] **e** le droit comptable français prévoit la constitution de provisions pour risque environnemental

QCM

CORRIGÉ

1 ▶ **a ; b ; c ; e** La réponse D n'est pas prévue par la loi.

2 ▶ **a ; b ; d** La réponse juste pour C est « force obligatoire » et la réponse E n'est pas prévue par la loi.

3 ▶ **a ; b ; d** Dans la réponse C, le mot « toujours » est faux ; pour la réponse E, le sous-traitant peut exercer un recours contre le maître de l'ouvrage s'il est agréé par celui-ci.

4 ▶ **a ; c ; d** Dans la réponse B, le concessionnaire est indépendant ; dans la réponse E, le contrat peut contenir une clause de confidentialité.

5 ▶ **a ; c ; d** Pour la réponse B, cette responsabilité peut être garantie ; pour la réponse E, le contrat est aléatoire.

6 ▶ **b ; c ; e** Pour la réponse A, l'action peut être exercée par une partie civile non victime ; pour la réponse D, le tribunal correctionnel est compétent pour les délits.

7 ▶ **c ; d ; e** Pour la réponse A, l'élément intentionnel n'est pas toujours requis. Pour la réponse B, seule la présentation des comptes est visée dans les SARL.

8 ▶ **a ; d ; e** Pour la réponse B, la mauvaise foi n'est pas requise ; pour la réponse C, c'est une contravention dans les SARL et un délit dans les SA.

9 ▶ **a ; c ; d ; e** Pour la réponse B, certaines ententes sont licites.

10 ▶ **a ; d ; e** Pour la réponse B, ce sont des contraventions ; pour la réponse C, ces actes sont identifiés et sanctionnés par la jurisprudence.

11 ▶ **a ; c ; d** Pour la réponse B, les statuts ne limitent pas obligatoirement les pouvoirs des dirigeants ; pour la réponse E, le droit de communication permanent et le droit de communication temporaire sont encadrés par la loi.

12 ▶ **a ; b ; c ; e** Pour la réponse D, les organisations émettent des recommandations.

13 ▶ **a ; b ; d** Pour la réponse C, la loi réglemente le contenu de l'offre ; pour la réponse E, le professionnel est responsable si, par exemple, il fait exécuter le transport par un prestataire de services extérieur.

14 ▶ **a ; b ; d** Pour la réponse C, il est possible de verser aussi une soulte ; pour la réponse E, ce contrat est conclu après approbation du projet de fusion ou de scission par les assemblées générales extraordinaires.

15 ▶ **a ; b ; c ; e** Pour la réponse D, l'apport concerne un ou plusieurs éléments isolés ou un ensemble de biens

16 ▶ **a ; c ; d** Pour la réponse B, le groupe n'a pas la personnalité morale ; pour la réponse E, la filiale commune peut prendre des formes juridiques différentes (SARL, GIE...).

17 ▶ **a ; c ; e** Pour la réponse B, la loi encadre ces prises de participation ; pour la réponse D, les actions de concert sont réglementées par la loi.

18 ▶ **b ; d ; e** Pour la réponse A, le droit de la concurrence encadre les groupes de sociétés ; pour la réponse C, la responsabilité délictuelle de la société mère peut être engagée notamment si son comportement cause un préjudice aux créanciers des filiales.

19 ▶ **a ; b ; d** Pour la réponse C, la loi prévoit l'obligation d'information pour des seuils significatifs de participations ; pour la réponse E, le commissaire doit formuler son opinion sur ces comptes.

20 ▶ **a ; b ; c ; d** Pour la réponse E, le locataire-gérant exploite le fonds de commerce à ses risques et périls.

21 ▶ **b ; d** Pour la réponse A, sont concernées la plupart des sociétés commerciales ; pour la réponse C, le déclenchement de l'alerte est une faculté lorsque certaines conditions sont réunies ; pour la réponse E, les associés des SARL et des SA peuvent déclencher l'alerte dans certaines conditions.

22 ▶ **a ; c ; d ; e** Pour la réponse B, l'entreprise peut être en cessation des paiements depuis moins de 45 jours.

23 ▶ **a ; b ; c ; d** Pour la réponse E, la procédure de liquidation judiciaire est ouverte si le débiteur est en cessation des paiements et si son redressement est manifestement impossible.

24 ▶ **a ; b ; d** Pour la réponse C, il faut ajouter qu'il s'agit aussi d'apurer le passif ; pour la réponse E, les dirigeants sociaux peuvent être poursuivis, en cas de liquidation judiciaire, si leur faute de gestion a contribué à l'insuffisance d'actif.

25 ▶ **a ; b ; c** Pour la réponse D, cette désignation est obligatoire ; pour la réponse E, la présence du ministère public est obligatoire (*cf.* loi).

26 ▶ **a ; b ; c ; e** Pour la réponse D, l'acquéreur peut bénéficier de cette clause.

27 ▶ **b ; c ; d** Pour la réponse A, ce type de transmission est possible ; pour la réponse E, la création d'une SCOP est possible.

28 ▶ **a ; b ; c** Pour la réponse D, les étapes sont successivement la dissolution, la liquidation et le partage ; pour la réponse E, cette cause peut concerner les SARL et les sociétés de capitaux.

29 ▶ **a ; b ; d ; e** Pour la réponse C, l'association doit être déclarée pour avoir la personnalité morale.

30 ▶ **a ; c ; e** Pour la réponse B, il faut distinguer les règlements et les directives (qui doivent être transposées en droit national) ; pour la réponse D, les entreprises inscrites à un marché réglementé doivent donner des informations sur les conséquences environnementales de leur activité.

NOTES

NOTES

NOTES

NOTES

FOUCHER
s'engage pour l'environnement
en réduisant l'empreinte carbone
de ses livres.
Celle de cet exemplaire est de :
0,650 kg éq. CO_2
Rendez-vous sur
www.editions-foucher-durable.fr

PAPIER À BASE DE
FIBRES CERTIFIÉES

Conception graphique : Sylvie Vaillant
Composition Maury

ÉDITIONS FOUCHER – MALAKOFF – AVRIL 2015 – 01 – MV-CK/EG

Imprimé en France par Jouve, 1, rue du Docteur Louis Sauvé, 53100 Mayenne
N° d'impression : 2201799X